U0746799

安徽师范大学口述历史项目（061813）成果
安徽省高校档案协会重点研究项目（2018zd01）成果
安徽师范大学校史研究中心菁华助研基金项目（2018JHJJ02）成果

安徽师范大学"口述档案"丛书

编委会主任　顾家山　张庆亮

·第一辑·

赭麓记忆

安徽师范大学口述实录

陈孔祥◆主　编

安徽师范大学出版社

图书在版编目(CIP)数据

赭麓记忆:安徽师范大学口述实录.第一辑/陈孔祥主编.—芜湖:安徽师范大学出版社,2018.10

ISBN 978-7-5676-3815-0

Ⅰ.①赭… Ⅱ.①陈… Ⅲ.①安徽师范大学—校史—史料 Ⅳ.①G659.285.4

中国版本图书馆CIP数据核字(2018)第237978号

赭麓记忆:安徽师范大学口述实录(第一辑)
ZHELU JIYI ANHUI SHIFAN DAXUE KOUSHU SHILU DIYIJI

陈孔祥◎主编

责任编辑:汪碧颖

装帧设计:丁奕奕

出版发行:安徽师范大学出版社

　　　　芜湖市九华南路189号安徽师范大学花津校区

网　　　址:http://www.ahnupress.com/

发 行 部:0553-3883578　5910327　5910310(传真)

印　　刷:江苏凤凰数码印务有限公司

版　　次:2018年10月第1版

印　　次:2018年10月第1次印刷

规　　格:700 mm × 1000 mm　1/16

印　　张:16

字　　数:280千字

书　　号:ISBN 978-7-5676-3815-0

定　　价:58.00元

凡安徽师范大学出版社版图书有缺漏页、残破等质量问题,本社负责调换。

安徽师范大学"口述档案"丛书编委会

主　任

顾家山　　张庆亮

常务副主任

李琳琦　　彭凤莲

委　员

曾黎明　　李裕鑫　　王　刚　　朱为民

台启权　　耿保友　　王爱民　　张树文

梁　燕　　陈孔祥　　顾　凌　　胡　靖

《赭麓记忆：安徽师范大学口述实录（第一辑）》
编委会

主　编

　　陈孔祥

副主编

　　胡悦超　　宋　静

委　员

　　刘际钢　　王彦章　　康　健　　孙　翔

　　吴　浚　　王　旭　　彭　劲　　朱　力

　　薛　芳　　侯　彤　　杜　勇　　张　蓓

前　言

口述校史是学校解决校史资料缺失、馆藏档案不足等问题和实现档案事业全面发展的有效措施，是构建学校档案资源体系的实践要求。口述校史工作引起了学界的广泛关注，安徽师范大学对此非常重视。

安徽师范大学自1928年创办迄今，历经安徽省立安徽大学（简称"省立安徽大学"）、安徽省立安徽学院（简称"省立安徽学院"）、国立安徽大学、安徽大学、安徽师范学院（简称"安徽师院"）、皖南大学、安徽工农大学和安徽师范大学（简称"安徽师大"）八个时期。其间，合肥师范学院（简称"合肥师院"）和芜湖师范专科学校（简称"芜湖师专"）先后并入。

安徽师范大学是安徽省建校最早的高等学府，又以名师云集一向为世人所知。刘文典、周建人、郁达夫、苏雪林、陈望道、朱湘、王星拱、杨亮功、程演生、陶因、张慰慈、丁绪贤、项南、许杰等一大批知名的专家学者、社会贤达曾在此著书立说、弘文励教。作为口述资源特别丰富的高校，安徽师大口述史项目非常多。

自2017年起，安徽师范大学成立口述校史工作领导组，下设口述校史工作组，印发《安徽师范大学口述校史工作实施方案》，召开口述校史工作协调会和布置会，正式启动了口述校史工作。同时，为确保口述校史工作持续开展，还采取了一系列具体措施，如设立口述校史项目，组建口述校史项目团队，建立口述校史工作导师制等。这些措施不仅增强了师生档案保护与抢救意识，促使口述校史工作不断推进，而且还使这种保护与抢救意识变成了一种具有师大特色的档案资源开发与利用实践。

安徽师范大学开展的口述校史工作，不仅引起省内高校的广泛关注，而且得到安徽省高校档案协会的大力支持。2017年10月，在安徽省高校档案协会年度项目评审会上，安徽师范大学档案馆馆长陈孔祥教授申报的"'安徽师大'口述历史资料整理与研究"、馆员侯彤申报的"文化传承视觉下高校口述校史档案征集研究"分别获重点研究项目和一般研究项目立项，这是安徽师范大学口述校史工作的阶段性成果。

口述校史工作启动后，安徽师范大学口述校史工作领导组着重强调了口述校史工作对于丰富馆藏档案资源、抢救口述校史资料的重要性，希望通过项目带动与编研驱动的紧密结合，推出有分量的口述实录。据此，安徽师范大学口述校史工作组分期展开口述校史资料整理与研究，通过前期访谈与后期整理相结合的方式，完成年度受访人访谈视频专题片的制作和口述校史实录的整理与研究。

从具体操作的层面看，口述校史工作与采访人和受访人有关。安徽师范大学口述校史工作组一方面抽调大学生志愿者，组建口述校史采访组实施访谈；另一方面根据口述校史工作领导组要求，按照事先拟定的条件，遴选年龄在80岁以上，有一定社会声望，经历学校办学时期较多，对学校的发展情况比较熟悉的受访人接受访谈。随着采访人与受访人访谈工作的逐步展开，安徽师范大学第一期口述校史工作全面完成，受访人的访谈视频专题片和口述校史实录先后推出。本书收录了29位受访人的口述校史实录，取名为《赭麓记忆：安徽师范大学口述实录（第一辑）》。

《赭麓记忆：安徽师范大学口述实录（第一辑）》属于口述校史资料整理，我们从中可以体味到安徽师范大学之所以一直孜孜于学校的发展壮大，如今又致力于高水平大学之路的探索，是因为师大人始终秉承厚重朴实、至善致远、追求卓越、自强不息的精神，一直践行厚德、重教、博学、笃行的校训。这样的校史资料整理极具意义。此书在四个方面具有明显的建树：一是对29位受访人的口述校史资料进行了集中整理；二是为后期口述校史工作的顺利开展提供了可借鉴的经验；三是为在全校范围内强调口述校史搜集与整理的重要性和必要性，发挥了积极的示范作用；四是促使口述校史工作成为丰富馆藏档案资源、传承师大文化、保护学校文化遗产的重要活动。

目　录

贝百欣先生访谈录 …………………………………………………1

蔡素吾先生访谈录 …………………………………………………9

褚一纯先生访谈录 …………………………………………………15

丁常明先生访谈录 …………………………………………………21

董长生先生访谈录 …………………………………………………27

杜绍才先生访谈录 …………………………………………………33

方德乾先生访谈录 …………………………………………………41

黄香先生访谈录 ……………………………………………………49

李先芬先生访谈录 …………………………………………………55

廖家骅先生访谈录 …………………………………………………61

陆润麟先生访谈录 …………………………………………………71

陆同兴先生访谈录 …………………………………………………79

倪光明先生访谈录 …………………………………………………87

任兴田先生访谈录 …………………………………………………95

舒华山先生访谈录 …………………………………………………105

唐成伦先生访谈录 …………………………………………………113

汪令词先生访谈录 …………………………………………………121

吴怡兴先生访谈录 …………………………………………127

杨国宜先生访谈录 …………………………………………135

杨克贵先生访谈录 …………………………………………145

杨炜先生访谈录 ……………………………………………155

袁起河先生访谈录 …………………………………………165

臧宏先生访谈录 ……………………………………………175

翟大炳先生访谈录 …………………………………………195

赵太意先生访谈录 …………………………………………201

郑鸣玉先生访谈录 …………………………………………215

周承昭先生访谈录 …………………………………………221

周厚勋先生访谈录 …………………………………………229

祝通海先生访谈录 …………………………………………239

后　记…………………………………………………………245

贝百欣先生访谈录

采访时间： 2017年7月7日

采访地点： 贝百欣先生寓所

受 访 人： 贝百欣

采 访 人： 胡琼月　胡正毅

整 理 人： 韩白瑜

贝百欣，男，1937年1月生，浙江上虞人，中共党员。1964年至1979年在辽宁大学体育教研室任教。1979年后在安徽师大体育系任教。长期从事体操课的教学。发表的论文有《单杆向前大回环技术分析》《对高级女子体操运动员研究》等。

采访者：老师您是1979年以后来到我们安徽师大体育系任职的，对吗？您能给我们介绍一下当时学校的基本情况吗？

贝百欣：首先说一下，我就是一个普普通通的老师，没有担任过任何行政职务，我平时与人交往不多，主要职责就是备课和上课，没有其他的了。至于说1979年学校状况如何，从硬件上来说，设备设施都很差，当时还没有花津校区，只有一个赭山校区，学生宿舍都是两层楼，后来加盖了几层；没有新图书馆；艺术学院也没有新楼，只有几栋小平房；综合楼也没有；操场分为东操场和西操场，中操场就是现在的篮球场。这些设备设施，跟现在是不能比了。

采访者：当初您是怎样来到安徽师大的？

贝百欣：怎么到的安徽师大？安徽师大要我，我就来了。一开始我在东北的辽宁大学，当时想回老家浙江，虽然原来的杭州大学也就是现在的浙江大学也要我，但是只要我一个人，我爱人去不了。1978年和1979年那两年的政策不像现在，那时夫妻双方很难一起调动工作。所以当时我就联系了安徽师大，安徽师大要我，我就过来了。

采访者：您教的是体育专业吧？当时学校体育专业的发展情况怎么样？

贝百欣：我教的是体操，你说的发展指什么呢？要说规模的话，体育系学生一届八十人左右，四个年级，也就两三百人。要说专业的话，只有一个体育教育专业，还有一个公共体育教研室，虽然不属于体育系，但是在一起管理的，大概就是这个情况。

采访者：那体育系经历了怎样的变化？

贝百欣：体育系有什么变化？这多了，体育系原来就只有一个专业，现在有好几个专业。原来的体育系现在变成体育学院，对不对？那变化大了！师资方面，现在有不少新教师。我刚来的时候，系内没有副教授。我是20世纪60年代北京体育大学的研究生，当时体育系可能还没有其他研究生。

采访者：20世纪70年代末以来，您一直在安徽师大工作，见证了学校的多次变迁，这些年里学校发生了哪些变化呢？

贝百欣：到目前为止，学校变化多了！这个要说的有很多。学校当时只有本科教育，后来又增加了硕士、博士点。师资方面，现在有二百多正教授，副教授更多。现在，我都落后了，不如我的学生了，他们的学历比我高、能力比我强，其中还有几个当了院长、副院长。

采访者：您在学校任教期间，学生的学习情况怎么样？

贝百欣：学生都是不错的，不能说哪个好哪个不好。学生年轻气盛，发点小脾气也是常事。谁都有缺点，但都是好学生。

体育学院现在已经有好几个硕士点了，显然只有具备充足的师资条件这个关键因素才有可能建立硕士点。所以我说，现在很多学生的水平都高过我。当然建立硕士点还有其他因素，但是师资条件还是最主要的。

采访者：这么多年来，学校的工作环境和生活条件有什么变化吗？

贝百欣：硬件设施更加完善了！体育学院原来只有一个体操房，连地板都是坏的，不过现在好多了，花津校区的条件更好。软件上，教师的素质确实提高了，教课水平也提高了，都上了一层楼。他们确实是不错的。

生活变化主要是看工资了，对吧？工资提高了，生活条件不就好了！1979年我刚来的时候月工资是62元，当时本科毕业生的工资是56元，因为我是研究生毕业，所以工资高些。

采访者：您认为我们安徽师大始终不变的精神是什么？

贝百欣：安徽师大的精神？从文字方面说，校园里的宣传栏里写着呢。但对我来说，体会最深的却是认认真真备好课，把课上好，业余时间辅导好学生，这些就是我的精神。

采访者：学校对退休教师有哪些关爱？

贝百欣：这要从精神和物质两个方面来说。在我看来，精神方面学校做得已经够好了。我原本是1997年退休，因为当时还有一些任务，就推迟了几年退休。学院领导经常在过年过节的时候来慰问我，关心我。学院大会上，领导一再强调院里、系里的成就跟老一辈的辛勤工作有关。听到这些，我们挺开心的，毕竟以前工作了几十年。

采访者：国家现在越来越重视体育教育，我们学校也比较重视平时的体育测试，您对此有什么看法？

贝百欣：这是必然的。国家经济不发达、人民不富裕的时候，我们为了生活天天奔忙，没有时间去锻炼。现在生活水平提高了，体育锻炼就提上日程了。所以，健身是为了健康，越来越受到人们的重视。生活好了，体育锻炼也要跟上，这是一个发展趋势。

现在的大学生体育活动条件也改善了很多，如花津校区的体育馆在我退休前就已经建起来了，但是我没有在那边上过课，也没逛过体育馆，只是听说场地比较大。赭山校区变化也很大，这边的东、西操场，由原来的沙土跑道变成现在的塑胶跑道了，中操场变成了篮球场，全是水泥地，还有一个两三百平方米的室内体操馆，变化太多了，以前和现在真的不能比。

我快退休的时候，体育学院从赭山校区搬到花津校区，但是我还在赭山校区上课。花津校区的体操馆、运动场规模都比较大，而且都是全新的。现在赭山校区东操场西边国际教育学院附近的那几栋宿舍楼，都被拆掉了，建成新的了。

采访者：您能谈一下当时是怎样上课的吗？

贝百欣：实践课是一个老师带10个学生在一个教室上课，所以一个班有四五个老师上课。理论课是一个班一个老师上课。我刚来的时候，第一次带的是77级和78级学生，那是高考恢复后学校招收的第一届和第二届本科生。

采访者：在您任教期间有什么事情让您印象深刻吗？

贝百欣：总的来说，印象最深的可以概括为"一老一小"。"一老"指老教师，比如王永安院长，是国家队跨栏运动员，是来自北京的精英，是支援安徽建设分在安徽师大工作的，我们学校像他这样的老教师可多了。"一小"指新教师，其实他们现在也不新了，新教师在当时是工农兵学员。那为什么他们会让我印象深刻呢？因为他们专业强、能力强，如院长周志俊、副院长谭明义、吴峰等。他们现在都是教授，发表的论文数量多、质量也高。

这些人非常敬业，不仅做强做大了自己，而且富有创造精神，怎么能不叫人信服呢？他们都值得被人记住。学校能够得到发展，体育系能够得到发展，靠的是一代又一代师大人的敬业精神和创新精神。所以，学校要发展，关键在人才。

采访者：关于创新，您有什么看法吗？

贝百欣：现在我不能谈创新了，因为我已经落后别人，已不如我的学生了。另外，退休以后我也不愿意学习了，就拿手机来说，我总是用不好，也不是学不会，就是不想学习，满足于能打电话就行了。所以，从个人角度出发，我现在既不想学习，也创建不了新的东西。但是对于"创新"这个词，我还是有点思考的。安徽师大的创新来自师大精神。我觉得创新是一个从不知道到知道、从不能做到能做的过程。原来不懂的知识现在懂了，原来不会的现在会了，从未知到已知，这就是"新"。"新"可分为不同层次，类似我们写论文，就是提出问题、分析问题和解决问题。针对存在的问题，根据理论依据和现实依据，提出看法，找到对策，得出结论，这就是论文的价值。从这个角度来说，我们国家的原子弹、氢弹算不算创新？1964年10月，我国成功爆炸了原子弹，而美国在1945年炸日本的时候就已经有了原子弹，两者对比，你说我们算不算创新？我们造出的原子弹虽然不是世界最新的，但对我们国家来说是一个新的开始。我国从第一颗原子弹爆炸到第一颗氢弹爆炸，仅用了两年多的时间。在此之前，我国自行设计的中近程地地导弹研制成功。那么其他国家有没有导弹？早就有了，这对我国来说，算不算创新？当然算，所以"新"是有积淀的。比方说，通过老师授课你将原来不懂的知识变懂了，对你来讲，这就是新知识。这是新和旧的关系，推陈出新、推进创新，就是这个意思。

采访者：您认为师范类专业哪些专业课程是最重要的？

贝百欣：对于这个问题，每个人的看法都是不一样的。要我说，我只讲体育或者是广播操、体操。从体育角度来讲，现在随着社会的发展，国家提倡全民健身，这是正确的。现在学生上体育课，基本上是以健身为主，应不应该？我认为应该。那要不要学点竞技体育呢？我认为应该学。所以学校在这方面似乎有提升空间。安徽师大体育学院在省内高校排名居前，但如果学生在省内各高校体育赛事排名下降，这就与体育教育同质化有关。

学校经常组队参加省里或者国家的比赛，记得在我来学校后的一两年，学校代表队到杭州参加了华东地区的体操比赛，获得了团体第二名，那是个很不错的名次。我校代表队后来又参加了一次全国比赛，但没拿到名次。我刚才说的是体操单项比赛，其他的比赛如篮球赛、田径赛等，无论是省级的还是国家级的，我校代表队但凡是参加了的都取得过名次。但是谁得了什么奖项，什么名次，我记不清了。开会的时候学院领导也讲过取得了多少成绩，多少奖项，我也听过，但没记住。

我们体院的学生毕业后主要是到中小学当体育教师，但这个比例已在逐渐下降，体育专业的毕业生不从事与体育相关工作的比例正在不断上升，这是个趋势。我们当学生的时候，百分之九十几甚至百分之百都去当体育教师。

采访者： 您印象比较深或者上课比较好的老教师还有哪些？

贝百欣： 体院老教师多了，这里没办法一一介绍。我印象比较深刻的老师有我们体操专业的王肃清和姜燕老师，他们都是非常敬业的好老师，虽然身体不算特别好，但他们一直坚持上课，每次上课都非常认真，这让我很佩服。

采访者： 您对我们学校未来的发展有什么希望和建议吗？

贝百欣： 就体院而言，我建议体院要进一步加强竞技体育人才培养工作，现在似乎没有做到参与体育训练与竞赛的学生全覆盖，宝塔尖与宝塔基座不可分离，我们既要注重体育健身，又要重视竞技体育，否则会使宝塔不协调。体院体育教育的对象是面向体院全体学生，包括体院学生毕业后教过的学生。现在的大学体育教育在强调健身的同时要进一步强化竞技体育。

采访者： 我们学校把体育作为考试科目，如果考试不合格还要重修，您对此有什么看法吗？

贝百欣： 学生考试不合格，可以补考或重修，这是教学大纲规定的，教师也应该严格执行。教师讲课的依据是教学大纲，并且围绕这些内容拟定试题。如果考试内容与大纲不符，那么老师负主要责任。作为学生，他们就应该好好学习。我跟这些学生没接触过，不太了解他们。以前非体育专业的学生可能会认为只要学好专业课就行了，部分学生可能不把体育课当回事儿，现在的学生有没有这种想法？如果有的话，这部分学生需要自我反省。教师的本职工作是教书育人，我们不仅要教给学生知识，还要让学生明白怎么学好体育。我当老师的时候总是利用课外活动对学生进行辅导，所以我教过的学生没有考试不及格的。当然，问题的解决需要老师和学生共同努力，考试只是一种手段而已。

蔡素吾先生访谈录

采访时间：2017年7月3日

采访地点：蔡素吾先生寓所

受 访 人：蔡素吾

采 访 人：王京京　王　芹

整 理 人：王　芹

蔡素吾，女，1927年10月生，浙江平阳人。先后在江苏省立江宁师范学校音乐科、南京国立音乐学院声乐组学习。曾担任浙江金肖游击支队江东民运队队员，浙江桐庐县民运队和建德军分区文工队队员，蚌埠扶轮小学、合肥二初中、合肥第一小学、芜湖青山小学、芜湖范罗山小学、芜湖弋矶山小学、芜湖大官山小学、合肥凤凰桥小学、合肥金寨路小学、合肥屯溪路小学教师。1970年7月后在芜湖工农学校、安徽师大附小任教。

采访者： 老师您好！首先请您介绍一下您的求学和工作经历。

蔡素吾： 我是浙江人，出生在杭州。抗战期间，我于1937年8月8日离开了杭州，沿途住过绍兴、余姚。杭州沦陷后，我就回到老家温州平阳，在平阳读了小学、中学，中途离开了一两年。抗战胜利以后我去了南京，先后在江苏省立江宁师范学校、南京国立音乐学院上了两年学。1948年在淮海战役最紧张的时候，我因工作需要回到了杭州。经同学介绍，我和我爱人以及我二哥一起参加了浙江金肖游击支队。1949年初，正月里给母亲过了生日后，我们三个人悄无声息地溜到江边坐船跨江奔向游击区。

我们先坐船到诸暨的一个地方，下船时我们看到前面有个亭子，想到可能有军警把守，我们就商量着如何应付军警盘查，他们要问我们到诸暨来干什么，我们就说到诸暨外婆家。上山的路在亭子前面，走山路过去，就看到国统区和解放区的标语，解放区的标语多些，我们猜测这里就是游击区的范围，可能是游击区的边缘。到达支队以后，我们先在干训班学习两个礼拜，然后我们三人一起被分到江东县。我二哥当会计，我爱人到文教科，而我在民运队。我们的工作地点是不固定的，下乡四处流动。1949年4月，我们那儿的县大队被调到外面去打阻击，解放区内部比较空虚，国民党军队乘虚而入。在敌人进山前，我们就撤到山上，睡在山上，吃炒米喝泉水。因炒米带的不多，后来还饿了两天。一天早上，听到外面有枪声，一声紧一声的三八大盖"咯嘣咯嘣"。我们猜想，可能是我们大队打回来了，最后枪声没了，我们才下了山。

当年4月下旬，解放军过江，5月，我们被分配到城区开展工作。我和我二哥到桐庐，我们先进城是去接收政权的，解放军大军不久后也过来了。我从5月份到12月份一直在桐庐工作。我爱人在浦江，后来回到安徽合肥，先是在省委里任职，接着在中学教书，当时我还在浙江。1949年12月底，我被调到合肥，分配在合肥第一小学。1950年以后，我就跟着我爱人跑。他先在皖北文艺干校艺术班工作。文艺干校后来并入位于芜湖的安徽师范专科学校。他先来芜湖的，我后来的。我在芜湖从事小学教师这个职业，从1952年工作到1960年，1960年皖南大学艺术科并入位于合肥的安徽艺术专科学校后，成立了安徽艺术学院。我被调到合肥东市区凤凰桥小学，从1960年工作到1965年，后来又被调到西市区金寨路小学，1966年又到屯溪路小学。这个小学位于合肥师院的旁边。1970年中国科技大学从北京迁至合肥，合肥师院并到位于芜湖的安徽工农大学。我被调到芜湖工农学校，后来它归属于安徽师大，自此我在安徽师大附小一直工作到1987年离休。

当小学教师最重要的就是要有耐心。假如你当了小学教师，就不要三心二意，而要专心把自己的本职工作做好。我教的是低年级的数学，在教学过程中，我多采取启发式教育，经常跟孩子们互动，那样孩子会表现得很积极，乐于学习。既然选择了这个职业，就要做好这份工作，要尽心尽力地把学生教好。

采访者：您能谈谈当时安徽师大附小的情况吗？

蔡素吾：安徽师大附小我了解不多，是什么时候独立出来的我也不知道。我到这个学校的时候，它还不叫附小，而是叫芜湖工农学校，后来叫芜湖工农小学，最后安徽师大又把它要回去了，我已经记不清是哪一年的事了，这个事情我们吴校长比较了解。

采访者：您能否说说在安徽师大附小给您留下印象最深刻的事是什么？

蔡素吾：给我印象最深刻的应该是我们学校的校长，因为她非常有耐心。她教的一班学生喜欢调皮捣蛋，但她的教学方式很独特，经常组织学生开展课外活动，如到郊外去采集标本，像中草药之类的东西，回来栽在学校的盆盆罐罐里。这一批调皮的学生对她非常尊敬，因为当年我们住得很近，我到她家去的时候常看见那些调皮的学生到她那里去玩。这位校长叫厉雨英，她不仅是一位认真负责的校长，更是一位育人有方的好老师。她在很早前就从事小学教育工作，比我大六岁，教学经验非常丰富，管理学生也有自己的一套方法。我最佩服她，所以我也经常到她家里去拜访。

采访者：您是从事教育事业的，对教育事业的本质有深刻的体验，那对师范生的发展，您有什么好的建议？

蔡素吾：你要从事这个职业，最重要的就是要静下心来，专心致志，搞好自己的本职工作，要把学生摆在第一位。

采访者：您对我们安徽师大了解得多吗？

蔡素吾：我在小学工作，对大学了解不多。我的爱人在合肥我就在合肥，他到芜湖我就到芜湖。他曾在皖北文艺干校文艺班工作，皖北文艺干校后来并入安徽师范专科学校，后来合肥成立了安徽艺术学院。安徽艺术学院是1960年成立的，到1963年被调整，艺术科并入合肥师院；到1970年中国科学技术大学迁至合肥师院校址，艺术系就并到安徽工农大学了，这段历史我知道。

采访者：您在安徽师大附小工作期间，学校的规模有多大？

蔡素吾：我刚去的时候学校的规模比较小，只有50多个教师。1970年，学校规模为12个班左右，后来学校建造了一栋新教学楼，扩大了班级数量，教师的数量也相应增加了七八个。学校招聘的教师有师范专业的，也有非师范专业的，比如骆老师，我还记得当时他们一共有四个人（两男两女），是从别处调来的，是师范专业的。我来学校工作的时候，学校大概有12个班，后来最多的时候有20个班，当时一个班人数不少，有50多个人。那时在校学生都是走读的。

采访者：当时安徽师大附小的教育质量怎么样？

蔡素吾：那时安徽师大附小的教育质量是比较好的，那些老教师都是教育精英。在老教师中，我和另一位老师是进校任职最晚的，这位老师后来因为他爱人的缘故调走了，现住在北京。除了我们进校最晚的两个，其余的都是年轻的教师。安徽师大附小就是靠这些教师奠基和铺路的，所以基础比较好，教学质量也比较高。现在进安徽师大附小上学也是比较好的选择。

采访者：当时安徽师大附小的教学情况及条件怎么样？

蔡素吾：当时安徽师大附小的教研活动是分科目进行的，一个年级有两三个班，同年级的老师每个星期要开一次教研会。除了课堂教学，还会开展一些课外活动。为此，我也开展了一些文艺宣传活动。记得我刚来的时候除了教数学，还和另外一位音乐老师一起教音乐。当时各单位都搞宣传队，安徽师大附小也是如此，于是我们就组织一些学生参加校外跳舞等活动，万校长带的班级也开展了一些实践活动。另外，学校里每学期都组织一次春游活动。这个活动每个学校都会组织。

当时安徽师大附小的基础设施一般，有些教具需要教师自己做，有些设备刚开始数量不多，后来也渐渐多了起来。比如乐器，那时的学校只有两三架风琴。有了手风琴以后我就不让学生抬风琴了，但是学生抬风琴的积极性很高。

采访者：您是1970年到安徽师大附小的，正是"文革"时期。"文革"对安徽师大附小有什么影响吗？

蔡素吾：在"文革"时期，安徽师大附小跟往常一样上课，没有停过课。也就是说，"文革"对安徽师大附小正常的教学活动的开展几乎没有影响。这里需要说明的情况是，那时小学教育一会儿实行五年制，一会儿实行六年制。当时有六年制，也有五年制，学校的学制一开始是五年，后来恢复到六年，那是"文革"后期了。很短暂的五年制后就是六年制，那是根据我国义务教育的需要而制定的。

采访者：那个时候的小学生入学年龄是多少？学校给教师安排住宿吗？师生中午放学之后都是回家吃饭的，对吗？

蔡素吾：那个时候学校对学生入学把关很严格，学生到七岁才可以入学。学校对学生入学年龄有严格的时间限制，差一天都不行。

那个时候安徽师大会给单身教师安排住宿，安徽师大附小的单身教师不安排住宿，学校没房子啊。安徽师大附小没房子分配，但是会给分到安徽师大附小工作的外地教师安排单身宿舍。那个时候无论教师还是学生，中午放学之后都是回家吃饭的。现在上海的小学不允许学生中午回家吃饭，下午放学很早，我重外孙就在上海上学，他家离学校很近，但学校都不给他回家吃饭的。

采访者：您对安徽师大附小未来的发展有什么建议吗？

蔡素吾：现在安徽师大附小发展得非常好，美术等课程都有自己的一套体系，课堂教学活动开展得也非常好，各个科目也有自己的专用教室，例如外语就有专门的外语室，现在学校的办学条件比我们那个时候好多了，我还能有什么建议呢？祝愿安徽师大附小越办越好！

褚一纯先生访谈录

采访时间： 2017年7月2日

采访地点： 褚一纯先生寓所

受 访 人： 褚一纯

采 访 人： 李海洋　韩白瑜

整 理 人： 项思语　彭　薇

褚一纯，男，1926 年 12 月生，安徽肥东人，中共党员，教授。1951 年至 1953 年在中国人民大学攻读研究生。曾在肥东文工团、省人民银行工作。先后在武汉大学、黄冈师范学院、合肥师院、安徽劳动大学、安徽师大任教。迄今发表学术论文多篇，出版著作多部。

采访者：老师您好！您能跟我们说一下您的求学和工作经历吗？

褚一纯：小时候我在家里读了十一二年的私塾，那时都是把先生请到家里上课。读到中学就去参加工作，之后到中国人民大学读了两年研究生，毕业之后又重新投入工作，被分配到武汉大学经济系。我在武汉大学工作几年后调到合肥师院，在合肥工作了一段时间之后又转调到位于宣城的安徽劳动大学以及芜湖的安徽师大。

采访者：您对当时的合肥师院、安徽劳动大学最初的印象是什么？

褚一纯：合肥师院是比较正规的。安徽劳动大学是在已有的几个大学之中抽取一些教师和干部进而办起来的，学校也还是不错的，这些教师和干部，都是比较优秀的。

之前的几所学校虽然说是新办的，但给我的印象还是不错的。学校里的教师和干部都是从其他高校调来的，素质还是比较高的，干部主要从凤阳农业专科学校、芜湖师范专科学校等学校抽调的。因为当时学校人才资源匮乏，所以要去安徽农学院、合肥师院、皖南大学等高校抽调教师。

那个时候安徽也没有很多学校，给我印象深刻的一个是皖南大学，另一个就是安徽劳动大学。之后安徽劳动大学改为皖南农学院，1989 年皖南农学院整体搬迁至合肥市，更名为合肥经济技术学院（1999 年整建制并入中国科学技术大学）。

采访者：您那时是教什么课的？常用的教学方法有哪些？对课堂教学有哪些独到的见解？

褚一纯：我那时主要是教政治经济学，也教过哲学和"资本论"，政治经济学是从第一章教到最后一章结束，哲学教的是辩证唯物主义和历史唯物主义。从劳动大学回到安徽师大以后，主要就是教授"资本论"等。

常用的教学方法有讲授法、课堂讨论法等，这两者密不可分。仅仅靠讲不去讨论是不行的，要让学生发挥自学的主动性，这样才能把问题钻研深、钻研透。

我在教学方面有自己的一些见解，对于一些问题也会有自己的看法。办大学不是随意的事，主要还是靠师资，只有好的教师、好的教授，学生才能从中得到更多收获。

采访者：我们曾经看过您的论文《略论价值运动规律及其在计划经济中的作用》，您能给我们讲一下写这篇文章的动机吗？

褚一纯：写这篇文章的动机主要是考虑到当时社会并不关注价值规律和商品经济的情况，从国家经济发展的实际状况来说，我们迫切需要发展商品经济，通过发展商品经济，来带动整个社会经济发展。经济发展有其规律，违反这个规律是发展不好经济的。

采访者：您是八几年退休的呢？作为老教师，您对青年教师和青年学生有什么建议？

褚一纯：记不清楚是八几年退休的，我退休比较迟，到了退休年龄在学校一直还上课，学校也没有提出来让我退休。大学教师主要关注职称问题，我是在武汉大学任教期间被评为讲师，之后在安徽劳动大学被评为副教授。那时候安徽劳动大学有10个比较出名的教授，但实际上都是副教授。这10个副教授后来有一半都晋升为教授。

当时我带的学生中有不少是非常优秀的，有些到中央部委工作了，也有的中途转学走了。安庆师范学院的陈英红，他的工作素质是过硬的，后来生病去世了，我曾经到安庆师范学院看过他。

我觉得高等学校的教师，主要还是靠自己，要把教学和科研结合起来，既要完成教学任务，又要提高科研水平，如果只注重一方面，就会顾此失彼，收效甚微。

对于青年学生我想说的是，你们在大学里要把基本课程学好，要经常思考，多动笔写写东西。这与专业学习是相互促进的。

采访者：从武汉调到安徽是什么感觉？另外您在安徽师大工作期间，学校有哪些变化呢？

褚一纯：到了一个新学校，现在看来，新办的学校有新办学校的特点。任何学校都要把握好教育方针，这样才能培养出人才，而培养人才的过程也就是提高师资力量的直接途径之一。

"文革"时期的一段时间，我在合肥师院任教。在此之前，安徽师院一分为二，文科搬到了合肥师院，理科还留在芜湖，仍叫安徽师院。

就学校变化来说，高校办学的好坏与校领导和教师的素质有很大关系。学校要创造条件让教师的专业特长得到充分发挥，而教师要在教学和科研中提高自己，这样学校的办学水平、教学水平才会不断提高。高等院校教师水平的提高，不单单是靠读研和进修实现的，还是要靠教师自己在教学和科研中去探索。

采访者：您在我们安徽师大任教期间所感受到的师生关系是怎样的？前后有什么变化吗？

褚一纯：总体来讲，在合肥师院也好，在安徽师大也好，师生关系都是比较正常的。处理好师生关系是办好高等院校的重要方面，如果师生关系不好，就会影响学校教学水平的提高。所以我认为，在教学过程中，教师跟学生是相互促进、共同提高的。

正常的师生关系主要体现在教和学两个方面。师生关系处得好，教师和学生才能共同成长。有的教师不注意对学生的培养，那是错误的，学生也应该向教师，特别是水平高的教师学习，这里所说的学习不是功利地听几堂课或几次报告。真正的好教师是寓教于日常活动之中的，学习教师的长处可以提高自己。

采访者：您能讲讲您在"文革"时期经历的事情吗？

褚一纯：我经历过"文革"，"文革"中出现过非理性的行为，如打、砸、抢等，当然自己是不会去参与的。

教师对学生的影响各有千秋，因为教师经常跟学生接触，他们可以寓教于日常工作、生活之中，教师的这种影响能起到更好的教育效果。教师必须做到为人师表。

在"文革"时期，从整体上来看，合肥师院基本是正常开展课堂教学的。因为学生是要在大学中获取知识的，所以学生会主动要求上课，大学教师也会认识到自己的主要任务就是给学生上课，做好本职工作。

采访者：有很多人对1957年那段历史感兴趣，能讲讲您知道的那段历史吗？

褚一纯：1957年我在武汉大学任教。当时我是武汉大学教师工作部的部长、团委副书记，也带课。后来，我被下放到黄冈师范学院。两三年以后，我又被调到合肥师院，回到了安徽。后来安徽师院的文科全部搬到合肥师院，例如中文系、历史系等。安徽劳动大学的教学还是比较正规的，我当时主要教"资本论"这门课，有的学生学得很好，像曾担任武汉大学校长的顾海良，还有其他一些优秀的学生，他们都是从劳动大学毕业的。再后来系科调整，安徽劳动大学保留了农学、茶叶等系科专业，改名为皖南农学院，部分老师就被分到三个学校，一个是当时的省教育学院，一个是安徽大学，一个是安徽师大。当时安徽师大的校长到劳动大学点名要我，所以我就到安徽师大任教了。

采访者：您对我们安徽师大青年学生的成长有什么建议？

褚一纯：学生的主要任务就是学习，当然遵纪守法是每一个人都必须做到的，它是社会规范。我们年轻的时候比你们现在的条件差多了，我在私塾读过十一二年的书，所有私塾都是把老师请到家，选择一个教本，专门由老师来面授。后来上大学我就没有读本科了，而是直接读了中国人民大学的研究生，那个时候研究生是两年制。现在回过头来看，两年的学习时间虽然不长，但受益匪浅。

丁常明先生访谈录

采访时间： 2017年7月6日

采访地点： 赭山校区田家炳楼

受 访 人： 丁常明

采 访 人： 胡正毅

整 理 人： 丁常明　胡正毅

丁常明，男，1935年生，中共党员。1956年2月于安徽省宣城县应征入伍，参加中国人民解放军。曾由南京步兵学校授予正排级、少尉军衔，在南京军区司令部警卫营任指导员、中尉，正连级。1976年后在安徽师大先后担任校医院副院长、后勤行政科科长等职。

采访者： 老师您好！您是1976年开始在安徽师大任职的吧？您能跟我们介绍下您是怎样来到学校的吗？

丁常明： 1976年我从部队转业，经过芜湖市人事部门的介绍，分配到安徽师大，在校医院当行政副院长。工作一段时间后我又被调到后勤行政科，在后勤行政科当科长，大概就是这样的情况吧。

采访者： 您担任过校医院副院长，那您能谈一下校医院当时的情况吗？

丁常明： 当时的校医院地址就在现在的田家炳楼附近，只有两幢平房和一幢二层小楼，一共有多少个房间，我已经不记得了。校医院的设备极其简陋，不像现在的校医院，有病床能吊水，还能做透视。

近几十年来，校医院建设发展很快，新盖的楼代替了旧楼，医疗设备不断添置更新，新的医疗设备比较齐全，生病了如需要吊水，或者身体有突发状况需要住院，校医院可以提供很多病床。现在的条件确实是蛮好的。为了了解大家的身体状况，校医院也会定期组织全校教职工进行体检，所以大家对校医院都很满意。

采访者： 您去过花津校区的校医院吗？

丁常明： 我去过花津校区，但是没去过花津校区的校医院，不过从校医院外观上看，感觉花津校区校医院要比赭山校区这边还要好。我当过校医院的行政副院长，医院里有些比较年轻的护士还认识我，大家都蛮熟悉的。校医院里那些年纪大点已经退休的护士，现在名字叫不上来了，他们的服务态度还是蛮好的，给病人打针、吊水、安排病床等都做得很好。

采访者： 您曾经发表过一篇文章，题为《浅谈学生浴室改革》。您在这篇文章中提出学生浴室改革的一些建议，能跟我们说说吗？

丁常明： 记不得是否发表过这篇文章。因为当时学生浴室的条件不太好，男、女同学洗浴很不方便，所以我提出了建议：让男同学在大池子里洗浴；考虑到女同学对淋浴有更多需求，给女浴室多加些淋浴头。那时我在后勤工作，员工都比较熟悉了，就请人来帮忙给女浴室多加了几个沐浴头，这样女生洗浴的舒适度也会高些，女生同男生是不一样的，所以我主张没有条件也要创造条件为女生洗浴提供更多的便利。学生考上大学不容易，给予更多的关照那是必须的。

采访者：在您工作期间，让您印象比较深刻的事情是什么？

丁常明：大概在行政科吧，这个也记不清了。我对职工还是比较关心的，记得当时有个人从歙县回来，工作没有着落，他找到我，我就给他安排到后勤工作了。总的来讲，我在行政科工作多年，成效也还可以。不过我这个人比较死板，不够灵活。如我在行政科的时候，校行政部门有一位工作人员来借自行车，借车的条子是一位校领导审批的，按理我应该借给他，但因为能用的车子都被借走了，其他车子都是坏的，我没办法把车子借给他。就这样过了很多年，每当我想起这件事，就觉得当时应该让他去买辆车，回来报销就行了。这件事让我感到，强调原则性的同时，也应该有灵活变通。我当了20年兵，在行政科也做了20年科长，应该能处理好"必要的坚持"与"灵活的变通"之间的关系。

采访者：您能谈谈当时学校学生的生活条件和状况吗？

丁常明：那时学校在附中那边临时组建了一个教学分部，让我负责后勤管理，把我升为副主任。我在那一直干到退休。

当时在校学生很多，我跟他们没有直接接触，总体来讲，后勤部还是很重视学生的生活条件改善的。除了改造浴室，还为改善学生生活环境做了很多好事。我记得我们后勤那时成立了一个服务组织，为的是能尽快解决学生反映的问题，最大限度地改善学生的学习和生活条件。

采访者：您在军营里待了20年，您觉得这20年的军旅生涯对您后来的工作有什么影响吗？

丁常明：当兵对个人的成长有着多方面的好处，为什么呢？因为当兵会比较苦。包括你们在内，年轻人多吃点苦，就会明白学习和工作的机会是多么来之不易，并从思想上重视，进而落实到行动中去。当兵是一件很不容易的事情，而且当兵要能吃苦，这对自己的成长有很多好处，能吃苦耐劳，有助于自己成长。记得我们当时爬过悬崖峭壁，抓过大便，还到过嵊泗列岛，这些经历都是非常辛苦的。我们当兵时是睡上下铺的，我都是睡上铺，尽量把方便让给别人。当兵要习武，重在打基础，打好这个基础对于自己今后的成长是有好处的。我深刻地体会到了这个道理。

采访者：您觉得我们安徽师大一直在变，唯一不变的是什么？

丁常明：唯一不变的是师大精神。师大精神的外在表现就是重视教学、培养人才。我们学校在这一方面做得还是蛮好的，从上到下，从干部到老师，大家都十分重视教学工作，所以我们学校的名声一直是比较好的。我们相信学校的人才培养工作会越做越好，这样的局面对我们、对国家都是有好处的。

采访者：我们学校对离退休教师的关心，您感受到了吗？

丁常明：我能感受到。我们学校做得还是不错的，对老教师还是比较关心的。如每年重阳节，学校都会慰问我们离退休老师，除了赠送一些生活用品，还组织一些活动，我们老教师就在一起交流，大家都很愉快，也很满意。

采访者：您还记得当初工资水平的变化情况吗？

丁常明：我们当时的工资水平应该不算高的，一个月就拿人民币 60 元，后来，工资随着国家的规定逐步上调，慢慢涨了起来。我退休 20 多年，现在一个月的退休金有 5000 多元，生活足够了。我在岗爱岗，天天就想着好好工作，退休以后就休息了，也没想过从事其他的工作。我退休以后因为教学分部缺人，学校让我又回去工作了一段时间，大概干了一年吧，每个月给我增加了二三百块钱。后来有几个职工离职了，部门缺人手，我又被调去负责后勤管理，因为工作流程等都比较熟悉，所以部门领导又留我工作了一段时间。

采访者：您在后勤行政科主要从事什么工作？

丁常明：就是从事后勤工作，主要负责一些物资行政管理，比如发放物品之类的。我们单位设有一个保管室，存放一些物资如笔墨、纸张、水电材料等，方便物资管理。我主要负责学校一些设备管理的日常事务。

学校现在的后勤保管室，在岗的还有人认识我，他们对我特别客气，我对他们也是一样的。对人要和气，不能因势欺人，对上也好，对下也罢，都要尊重他们，这是我的想法也是我的做法。那些年轻的职工看到我还是这么客气，我心里也很高兴。所以做人要实，工作要实，不能见风使舵，要实事求是、踏踏实实地工作，这是我积累的人生经验。

后勤管理最重要的是保证物资的供应。关于物资供应，我只能说，随着工业的发展，物资方面的材料也发展迅速。要逐步购进新材料，淘汰旧物资，新材料要发挥最大的效益，不然就浪费了国家财力，这方面值得注意。

采访者：学校后勤行政科在职人员的工作情况，您了解过吗？

丁常明：总的来讲，这些人的工作还是不错的。像我们后勤保管室的一个员工，姓王，名字叫不上来了，他现在还在工作，一直以来都是一丝不苟地对待工作。还有一个水电工，姓衰，工作效率还是比较高的。

采访者：您刚从部队来到安徽师大的时候，对学校最初的印象如何？

丁常明：最初的印象就是学校条件不是很好，刚来的时候，田家炳楼还没有建，那栋老教学楼教室不多，教室也不大。现在，学校真的变化太大了。

原来这里是没有田家炳楼的，只有校医院，当时的校医院条件简陋，旁边还有个厕所。之前这个地方是个小山包，后来把山包平了才盖的楼。原来的大门就是现在的那个朝南的小铁门，后来在东边修了东大门，非常漂亮，跟以前相比那真是天壤之别，这很好。就不说赭山校区了，现在你看花津校区，学校面积扩大了好几倍。学校招收的学生数量和以前对比，变化好大！

采访者：从部队到学校，您有什么感受？

丁常明：我从部队转业以后，被分配到了安徽师大。我当过兵，受过教育，服从组织分配，这是原则，必须遵守。现在我们学校每年也有征兵的活动，大学生应征入伍是光荣的事情。

大学生士兵退伍后复学可以转入本校其他专业学习，学费也会减免，我觉得这个做法蛮好，也有利于人才培养。我记得当时大学生当兵，他们的福利待遇和一般的战士是有区别的。当然，他们发挥的作用也是不一样的。

董长生先生访谈录

采访时间：2017年7月5日
采访地点：赭山校区退休教师活动中心
受 访 人：董长生
采 访 人：王京京　王　芹
整 理 人：林　萍

董长生，男，1934年12月生，安徽泾县人，中共党员。1947年至1960年在泾县马头镇国民中心小学、宣城初级中学、宣城师范学校、安徽师院、合肥师院学习，曾在宣城师范附小工作。1960年8月起，在合肥师院、安徽师大工作，先后担任安徽师大高校干部培训班副班主任，总务处副处长、处长、党总支书记等职。

采访者：老师您好！首先请您介绍一下您的求学经历。

董长生：我是一个师范生，出生在旧社会，成长在新社会。我生于1934年，正是中国工农红军开始长征的那一年。1949年宣城解放，那年我正好上初三，9月份就由普通中学转考到宣城简易师范学校。那时读书与家庭经济条件无关，师范生除了上学公费外，还有补贴，不要家里掏钱，吃饭所需经费都由国家补助。简易师范学校是四年制的，后来，简师改为中师，我随之直接升入宣城师范学校。中师是三年制，毕业那年，当年学校保送18名学生上大学，我这一届两个班共有50多名学生。我被留在宣城师范附小，在那教了三年书，当时的政策是教龄满三年的师范生允许报考大学，考上了就享受调干生待遇。于是我在1956年报考了大学，被安徽师院历史系录取。国家每月补贴28元，抽5元给困难同学，扣11元伙食费，还余12元。后来，安徽师院的中文、历史、外语、地理等专业调整至合肥师院，合肥师院的外语专业后来调整至安徽大学（原合肥大学）。1958年我又到了合肥师院。1960年我从合肥师院历史系毕业，然后留校留系工作。

我和董光琨是大学同学，同时留校留系工作的还有胡天伦、罗素珍、沈辉生、郑义东等七八个同学，生物系的张林普、中文系的张子文是我中师同班同学，他们是直接保送上大学的。学校开始把我分在世界现代史教研室，后来因我在小学教过三年书，懂得一些教学方法，就把我转到了教材教法教研室。当时我在教材教法教研组当助教，是叶孟明老师的部下，一直到1970年合肥师院并入安徽工农大学再回到芜湖这边来。当时系里的主要事务是由杨邦兴老师负责。"文革"后期校内各个单位恢复正常教学秩序，系里的领导班子叫系革委会，我当选为历史系革委会委员，分管后勤工作，并担任历史系秘书。1983年2月，根据组织部安排，我到高校干部进修班任副班主任，享受副处级待遇。高校干部进修班只办了一期就停办了。1983年下半年，我被调到总务处，任总务处副处长，分管水电和房产。

采访者： 您能和我们分享一下您的工作经历吗？

董长生： 分管房产的职责之一是分房到户，而分房是得罪人的事情，好在安徽师大风气好，即便得罪人，也能被理解。为了制定分房办法，我们到兄弟院校调研，调研的学校有南京师范大学，还有建立在我们原来的老合肥师院校址上的中国科学技术大学。我们也学习了他们的经验，在分房产时采用积分制，主要是根据人口数量分房，即人口越多，分房的可能性就越大。在这之后，我由副处长升为处长，两年后又被任命为总务处书记，直到1995年元月退休。这是我个人成长的情况，工作中没犯大错，跟同志们的关系都很好。

安徽师大给我印象最深的还是历史系，我从1970年到1983年一直在历史系工作。当时我们学校考研录取率最高的是生物系，其次就是历史系，这个是南京大学历史系时任系主任都认同的。我记得，他曾说过，应该多来安徽师大历史系交流经验。我校历史系的毕业生发展也是很好的，有的还在清华大学工作。张国刚从我校本科毕业后考入南开大学，获历史学博士学位，曾任清华大学历史系主任，当然这与他自己的努力分不开，但他的基础知识是在我们这个地方学到的。不得不提的是我们历史系，还培养了两个副国级干部！此外，还培养了很多省级干部以及优秀的中学老师。我之前听汇报了解到，我省好多重点中学校长、教育局局长，都是我们安徽师大毕业的。安徽师大是一所老学校，于1928年建立，它在老安徽大学的基础上发展而来，后来迁至芜湖，这些你看看校史那本书就知道了。"文革"中期中国科学技术大学迁到合肥，但是没有校舍，所以合肥师院的校舍就给了中国科学技术大学，合肥师院一分为三：外语系并入安徽大学，政教系并入安徽劳动大学，中文系、历史系、地理系、艺术系及党政机关整建制迁入安徽工农大学。目前，我校教学质量和培养的学生水平都是非常不错的。除此之外，安徽师大的办学规模也扩大了，由原来的几千人扩大到三万多人。

说到这里，我还想谈一点希望，就是赭山校区的建设问题。现在赭山校区有几个学院啊？听说新校区理科大楼投入使用后，物电学院和化材学院即在当年暑假迁去花津校区了。那赭山校区怎么办？像南京大学和南京师范大学，一、二年级的学生在新校区，三、四年级的学生在老校区，我觉得这样子很好。师范大学的根在老校区，老校区环境好，身处闹区不喧哗，不影响读书，所以要很好地发挥老校区的作用。

采访者：据我们了解，"大跃进"时期您还是在校学生，您能谈一下那个时候学校的一些情况吗？

董长生："大跃进"的时候，我确实是学生，那时我在合肥师院读书。我们来的时候，历史系的任务就是负责炼焦炭。同学们实行轮班制，几个小时换一次班，烧焦、运煤等，到吃饭的时间，大家就一起吃饭，三餐饭的时间就是我们的休息时间，再没有其他休息的时间。我清晰记得我们曾在火车轨道旁边睡觉边等煤炭运来，还有人把头搭在铁轨上睡，那是挺危险的。那时，我们以班级为一个小组，由班长带领大家到合肥师院教育大楼旁边的那块空地上倒煤、炼焦。学校的要求就是要我们完成任务，那个时候学校没有小高炉，有的都是土窑，炼完的焦炭运向哪里我们也不知道。成伯平，就是成雪奇的父亲，曾带同学到火车站去"抢煤"。那个时候全民大炼钢铁，需要大量的煤，所以要炼钢铁就得搞煤炭。

采访者：那在"大跃进"之后，即三年困难时期，你们过的是怎样的生活？

董长生：三年困难时期我们的校内生活还可以，基本上能吃饱。我们留校的学生，粮食从36斤一下就减到24斤半。我们的工资是53元到59元不等，因为我是调干生，一工作每月就拿59元，应届毕业生们每月只拿53元。大炼钢铁时期，因为家庭困难，学生也不经常回家。我家里也不要我的钱，所以我经常在市内买东西吃，坐公交车去四牌楼买肉吃，一块小薄肉，两块钱。

在三年困难时期，学校食堂是一直开着的。学生的午饭是两个大馍，有时还有稀饭。教师每月有24斤半的饭票，凭票吃饭，吃完就没有了，补助也很少。后来发生比较严重的浮肿病，学校才补助了几斤黄豆，学生不享受这个补助，也没有粮票，只能按时就餐。饭量大的，时常吃不饱，一天三顿饭，有的时候是白面馒头，有的时候是山芋粉做的黑馒头，有时好一点，更多时掺杂粗粮。学生每月有36斤米，一天就是一斤二两；老师从36斤降到24斤半，那就少了12斤，工作人员一天只能吃8两粮食。

我是1960年工作的，从8月份开始拿工资，9月份开学后上班。当时整个合肥市都十分困难，各种食品严重短缺，为渡过难关，市政府决定组织一支队伍到山上去挖葛根。我们师范学院也组织了一个小队去山上挖葛根，我和我们历史系的蒋老师参加了，我们在岳西县山区生活了近两个月。在那里我不上山挖葛根，而是做采购，天天出去给大伙买粮食和蔬菜。虽然有点累，但是我在买粮食的过程中，自己掏腰包，常常可以买几斤小萝卜，有时候也给蒋老师买几斤。我们在山区挖了不少葛根，但没有用汽车运回合肥，后来都烂在公路边上了，这太浪费人力和财力了。

采访者： 您在学校读书的时候，学校的女生多吗？

董长生： 那时我们班是一个小班，三十个人，只有两个女生，有的班女生多些。

采访者： 您觉得我们学校还需要再发展规模吗？

董长生： 我觉得我们学校不能再发展规模了，再发展就太大了，教学质量会跟不上，在校学生已有三万多了。我认为首先是把教育和教学质量搞好。

采访者： 您能说说"文革"时期学校的一些情况吗？

董长生： "文革"之前，我们去凤台县参加"四清"运动了，不在学校。1966年6月回到学校，学校里分成两派，双方对着闹。接着就是大串联，不需要买火车票。我从凤台县回来的时候，我校造反派斗得很激烈。我那时当了一名专政队队员，专管所谓的"牛鬼蛇神"，带他们劳动。

皖南大学当时已更名为安徽工农大学，那时生化楼的楼顶是制高点，墙上就有不少枪眼，不过那些枪眼现在看不到了。那个时候一些年纪大的"反动学术权威"或者"牛鬼蛇神"被戴上帽子或挂牌子被批斗，牌子上写着"走资派""现行反革命分子"等。

采访者： 您对我们安徽师大有什么建议吗？

董长生： 我的建议就是保护赭山校区，重视赭山校区，发挥赭山校区的作用。一些老校友也发文呼吁保护赭山校区，希望这能引起学校领导的重视。20世纪70年代，老校长魏心一曾坚决抵制其他单位占用我校土地的行为，寸步不让，还实施了围墙工程，修建了从翠明园到赭山顶的围墙，以保证学校土地，大家都很怀念他。回顾校史，总结经验，我建议把赭山校区保护好并发挥其功能，毕竟它是我校师范教育的长期根据地。

杜绍才先生访谈录

采访时间：2017 年 7 月 5 日
采访地点：赭山校区退休教师活动中心
受 访 人：杜绍才
采 访 人：王京京　卜　钰
整 理 人：王　芹

杜绍才，男，1934年7月生，安徽肥东人，中共党员。1955年在安徽省中学教师进修学院政治专业学习，毕业后分配到安徽省教育厅工作。1957年起历任合肥师院保卫科办事员、副科长，安徽师大生物系副书记、副主任，保卫处副处长、处长。被省公安厅记三等功一次，曾任安徽省高等学校保卫工作研究会副会长。

采访者：老师您好！您可以简单介绍下自己吗？

杜绍才：我待在这个学校的时间比较长，先从合肥师院谈起。合肥师院的前身是合肥师范专科学校，合肥师范专科学校的前身叫安徽省中学教师进修学院，我是进修学院的第一期学生，学习政治，当时是1955年。因为当时国家急需人才，有些学生一学期没有学完就被抽调工作，我们班有10人被抽调，我当时是班长，被抽调到安徽省教育厅工作。安徽省中学教师进修学院只办了一年，第二年就改为合肥师范专科学校。1957年，主管部门把我从教育厅调到合肥师范专科学校，后来我就在合肥师院的保卫科从事保卫工作。"文革"时期合肥师院部分系科并入安徽工农大学，并入后我还是在学校保卫处工作。1972年，我被调到安徽师大生物系，在那里工作了好多年。改革开放后，我又被调到保卫处，以后就一直在保卫处工作直到退休。

采访者：您在安徽师大生物系待了多长时间？

杜绍才：我在生物系待了八年。我一辈子做的工作主要是保卫工作。在保卫处工作期间，学校运动搞得多，就必然要成立办公室。我是保卫处负责人，被安排参与办公室工作，所以，我对学校的发展情况也知道一些，但是现在因为记忆力差了，有些也记得不是很清楚。

采访者：您是1955年就进校了，1958年是"大跃进"，您能谈谈当时学校的一些情况吗？

杜绍才：1958年，合肥师范专科学校改为合肥师院。1957年，我在学校做保卫工作，这段时间保卫处的工作重点是关注师生思想动态等，所以我参加学校召开的会议不多，直接发表意见也不多，可能与此有关，那个时候的运动对我没有什么影响。那时的座谈会，你可以发表意见，知无不言，言无不尽。我印象最深的是那时候搞大鸣大放、搞大字报。另外，大炼钢铁开始后，学校就基本停课了。

采访者：大炼钢铁活动您参加了么？

杜绍才：全校师生都参加了，我是做保卫工作的，所以参加的不是那么多。大炼钢铁的时候，学生被集中到一块参加大炼钢铁，要问他们炼出的钢铁送到哪里去了，那我就搞不清楚了，但是炼出来的钢铁的数量还是要上报的，那属于办公室的工作，我也搞不清楚。

采访者：您在保卫处工作了那么长时间，跟学生的关系怎么样？

杜绍才：跟学生的关系还可以。天安门事件后，我校有些学生写了大字报，那时我们学校的党委书记是杨新生，杨书记为人不错，他曾带我去芜湖市有关部门汇报情况，因为我是相关办公室成员。所作汇报主要是解释和澄清了有关事实，保护了一批学生。

采访者：您在保卫处待了很长时间，有没有让您印象很深刻的事情呢？

杜绍才：给我最深印象的是，党委书记陈韧同志在改革开放中，敢为人先，敢于担当。他经常在各单位负责人会议上说这句话："大家要大胆干，出什么事我负责，大家不要怕！单位领导更要负责，要敢于承担责任！"另外，他对上级也不是无原则地唯命是从，而是负责任地服从，做事坚持实事求是。

让我印象深刻的事情还有，生物系到农村办学那件事。办学要实事求是，要跟基层的实际情况相结合，不能盲目去执行规定。当时省里要求我校生物系搬去农村，老师们都有意见，我也有意见。学校在征求意见的时候，也征求过我的意见，我一再强调将生物系搬去农村不行，是办不好的。在我记忆中，生物系到萧县郭庄去开门办学这件事令我难忘，萧县郭庄大队干部、大队书记要求我们全天帮他们下地干活。当时我想，学生的课还是要上的，于是就采取了半天上课半天干活的方式。"文革"期间，生物系也受到不小的影响，不仅学生和老师来回跑，而且好多生物标本也被毁坏了，这既影响了教学又影响了科研。"文革"结束后，生物系才搬回学校，从此走上正轨。改革开放的几十年，我国高校教育取得了巨大成就，现在的你们是幸运的。改革开放后，学习和工作氛围宽松，大家的心情都很舒畅。

做好学校的安全保护工作，更好地为学生提供服务，是做好学校保卫工作的关键。高校教师、干部、工人要处处为学生考虑，要为学生服务，要把学生安全工作做好。从保卫工作来讲，就要保证学校环境的安静，学生学习要有安静的环境，老师上课要有安静的环境，生活也要有安静的环境，安静的环境是其他工作开展的前提，所以要管好学校的大门，不让闲杂人员进来。管得太严太死不大可能，一定程度的粗放管理还是可以的。比如，必须规范管理来学校打球的社会人员以及收废品的师傅，以保证给学校师生一个安静的校园环境，这是我们保卫工作的主要任务之一。

在执行学校和主管部门的决策时，处理事情时要实事求是，不能乱来。我记得我们学校老师还是不错的，如"文革"后期工农兵学员进校后，学校对他们的学习还是抓得很紧的，老师都是认真教学的。但老师对运动不断还是有意见的，记得学校有一位老师，现在已经去世了，他就编了一则反对当时军宣队、工宣队搞太多运动影响教学的顺口溜，顺口溜这样写道："赭山脚下一群猴，吃饭无事翻跟头，今日欢呼孙大圣，杨书记回来要发愁。"当时学校党委书记姓杨，"杨书记回来要发愁"，能不发愁吗？这个顺口溜描写了当时的情况，也反映了当时老师的心情。

采访者：您觉得我们学校退休教职工的待遇、治安保卫情况总体上怎么样？

杜绍才：我们学校退休教职工的待遇还可以，我们还是蛮满意的。去年保卫处还召开了退休人员座谈会，这说明学校没有忘记我们。我们学校的离退休人员活动室是不错的，离退休人员满80岁当年，学校还为他们举行集体庆寿活动，请大家吃长寿面，学校没有忘记我们这些人，真是很不错了。他们现在工作也忙，退休的教职工又多，还一直关心慰问我们，让我们很感动。现在条件好了，医疗条件保障挺好，我们很满足。

我们学校的保卫工作，我看还算可以。业务上在合肥时接受省公安厅指导，到芜湖后接受芜湖市公安局指导。安徽省成立了保卫工作研究会，我们学校还是协会的副会长单位。学校的历届领导都很重视保卫工作，我们的工作也得到了省里、市里的认可。

采访者：您工作这几十年，保卫处在学生管理工作这方面的思路和措施有哪些？

杜绍才：学校保卫工作主要是把学校里的安全保卫工作做好，特别是每栋楼做到时时有人看守值班，不让闲杂人出入。对于学生宿舍，我们要配合宿舍管理科做好保卫工作，过去我们一直都在积极配合安保。保卫处曾经专门组建了两组保卫人员，一组是负责门卫的，一组是负责巡逻的，保证校内24小时都有人巡逻。巡逻人员主要是干什么呢？巡逻人员穿着统一服装在学生宿舍、教室、食堂等场所中巡逻。门卫是第一道防线，巡逻是第二道防线，学生宿舍要派人看管，这是第三道防线。我们说，做好学校保卫工作要有这三道防线，每一道防线都要守护好，这样学生宿舍安全了，学校秩序才能维持好。

学校制定了一系列宿舍管理制度，学生要严格执行学校的作息制度。那时候没有学生晚归的现象，辅导员也比较负责，会不定期地检查学生宿舍，重在查看有没有晚归不归的，学校管得很严，不允许夜不归宿。因为我们学校在市中心，校外闲杂人等比较多，所以必须从严管理。

那个时候的学生比较好管理，他们对学校的作息制度都是遵守的。以前的大学生录取率比较低，考进大学也不容易，学生都比较珍惜这个学习机会。那个时候学生少，全校就4000多人，进来就是学习的，不好好学习怎么行？学生毕业后，是要根据成绩分配工作的。

1970年，合肥师院的四个专业及院党政机关整建制并入安徽工农大学，安徽工农大学后来改名为安徽师大，校址就在赭山校区，这样学校的人数就增多了，但学校保卫工作的难度并没有随之加大。

赭山校区修建了围墙将学校与赭山分开，学校的保卫工作就相对集中了。不过学校没有修建围墙的时候，我还不在保卫处，在生物系，我在生物系工作了八年，八年以后回到了保卫处。那八年生物系还在农场，"文革"期间生物系受到的影响和损失较大。

采访者：您曾在生物系和保卫处工作，请您谈谈当时生物系建设和保卫处工作的情况。

杜绍才：当时生物系的学生都在校农场上学。生物系先是在大农场办学，后招收工农兵学员时，实验课无条件上，就搬到芜湖附近的小农场。生物系在小农场时，实验室还在学校生化楼，所以学生上实验课时回学校，上其他课都在小农场，吃住也都在小农场，那时农场还没有自来水，靠吃井水生活。当时农场里有一个食堂，他们都在那里吃饭。

那时生物系在农场办学，学生从进校到毕业都在农场，所有的学习和生活全部在农场，全校就生物系在农场。另外，1966年学校停止招生，招收新生工作推迟了好几年才进行，所以合肥师院并入安徽工农大学后没有新学生，在校的都是没有毕业的大学生。两个学校合并以后的人数不到我们现在招生数的一半。后来，学校招收工农兵学员。

几十年来我们学校的保卫工作还是很有成就的，校园里比较安定，打架、斗殴的都很少。学生包括工农兵学员，都能好好学习，因为学校为他们创造了一个良好的环境。学生处负责学生工作，保卫处负责学校的保卫工作，保卫工作是保卫学生、保卫老师，两者是相辅相成的。

那时候在校学生谈恋爱的很少，很多校外人员来我们学校谈恋爱，于是保卫处就组织巡逻班。巡逻班由十几个人组成，三个人一班不间断地在学校巡逻，阻止校外人员来校内谈恋爱，以确保学生的学习不受影响。

保卫处的工作很辛苦，但我们没有怨言，工作紧张时我经常不回家，就住在办公室里，便于处理紧急突发事件。原来赭山公园和我们学校之间没有修建围墙，市民可以经过我们学校到赭山公园，随之而来也会带来校园安全隐患，围墙建成后，学校的安全就有了保障。

那时候芜湖市就我们一所大学，皖南医学院是1974年独立建校的，安徽工程大学那时候还叫芜湖机械学校，属于中专，所以本科大学就这一所。

采访者：您进校工作以来学校多次改名，您怎么看？

杜绍才：我进校工作以来学校多次改过校名，后来改为安徽师大，这是对的，因为从校名上可以看出学校的师范性质。安徽师院后来改名为皖南大学，那是刘少奇题写的校名。"文革"中，皖南大学被改为安徽工农大学。

采访者：您能讲讲"文革"时期合肥师院的一些情况吗？

杜绍才："文革"初期我在农村参加"四清"运动，"四清"运动结束后才回合肥师院的。

"文革"开始后，随着运动的兴起，学校出现混乱的局面，但保卫工作还在有序开展。工作人员没有停工，门卫还是要守门，巡逻队还是要巡逻，安全还是要保证的。我在合肥师院经历了"反右派运动"、"反右倾"斗争、"文革"、批斗"牛鬼蛇神"，这些运动给我留下了深刻的印象。那个时候学校已经停课了，但是学生没有回去，还得留在学校。学生毕业后都分配了工作，没有上完学的学生是按照毕业的标准分配了工作。1965年是最后一届招生，1966年就没有通过高考形式招生了，一直到1977年。这一段时间后期只有不多的工农兵学员，学校大部分空着，空了好长时间。一所学校只有老师没有学生，那是浪费资源。

　　曾有一年，因为学校没有学生，就让老师、干部到农村去参加"斗批改"。教师在下塘集（离合肥还有一百多里地的地方）一面参加"斗批改"，一面帮农民干活。教师一天到晚就是劳动，干了差不多有一年，直到大年二十七八下大雪，才放我们回家。记得那年雪下得很大，我和十多位老师、干部连夜从生产队走到火车站，中途还走错了路，到了火车站爬上货车随货车赶到合肥，赶得很辛苦。那时候保卫科工作人员被分成两部分，一部分人留在学校做保卫工作，另外一部分人跟去参加"斗批改"。我记得那时协助调查一个所谓的大案子，案中我们学校艺术系一位老师被认为是国民党留在大陆的一个全国性的特务集团的发报员。当时此事由工宣队、军代表负责，他们遂把材料寄到我们学校，学校就派我去查证，结果根本没有这回事，那是有人交代不真实造成的。

　　采访者：您对安徽师大的未来和青年学子有什么建议吗？

　　杜绍才：现在学校发展还是可以的。我觉得学校重视规模发展，建立花津校区都是对的，如果只有赭山校区，规模就太小了，如不发展就不能跟上时代形势，建议同时建设好两个校区。建议青年学子要珍惜现在来之不易的学习机会。回顾过去是为了更好地展望未来，更好地珍惜现在的良好环境。

方德乾先生访谈录

采访时间：2017年7月2日

采访地点：方德乾先生寓所

受 访 人：方德乾

采 访 人：李海洋　韩白瑜

整 理 人：房建新

方德乾，男，1928年1月生，安徽定远人，中共党员，副教授。离休前在安徽师大外语系和中文系任教，兼函授教研室副主任。早在1949年元月即在定远江淮四分区支前司令部参加工作。曾任滁县专员公署、滁县地区食品公司文书、副科长、秘书等职。迄今发表论文多篇，参编著作多部。

采访者：老师您好！您能给我们讲一下您的学习经历吗？

方德乾：我今年90岁了，参加工作68年，是在1948年淮海战役后期参加工作的。我当时只有22岁，以一个中学生的身份，投奔到解放区参加工作，正好赶上淮海战役后期，我们安徽当时担负着支前的任务，我也主要做这个工作。解放军大军过江以后，我就回到江淮四分区（那时候的名称）的专署，最后一、四两个分区合并，成立了滁县专署。那时候四分区在定远，后来搬到了滁县，我在滁县专署办公室主要负责文书写作，然后做科员，最后在档案室工作。滁县专署还有别的单位，像运输公司、食品公司，我都待过，担任过公司的科长。1956年，为了响应组织的号召，我报考大学，考取了位于青岛的山东大学。四年以后，我被分配到中国科学院语言研究所，师从语言研究所所长，也就是全国著名的语言大师吕叔湘先生，跟他进修汉语言。当时他没有招研究生，我去的时候吕先生跟我讲："你跟我学，但同时你还要工作。"所以，我名义上是研究所的实习研究员，实际上是跟他进修。我跟吕先生学习期间，不巧，正好赶上三年自然灾害，北京的粮食很紧张，我们机关单位里好多人都出现浮肿。我当时腿肿得不能走路，吕先生讲："我看你身体情况很不好，听别人讲你们安徽自由市场很活跃，可以随便买点吃的，这样子对你身体还是有好处的。"吕先生关心我。我读了两年研究生，未获得学位，就到安徽这边来了。

当时学校不叫师范大学，叫皖南大学。我们这个学校最早是省立安徽大学，在安庆，后来才搬到芜湖，1954年就分成师范学院、农学院，农学院迁往合肥独立建院，我们这一部分叫安徽师院。安徽师院有文科有理科，是一个综合性的学校。1958年，安徽师院的文科包括中文、历史等，都搬到合肥，并入合肥师院，安徽师院于1960年改为皖南大学。于是我就来到皖南大学的外语系，那时候学校只有一个文科专业，就是外语系，其他的像政教系、历史系都没有，艺术系、教育系也没有，而政治课任务，由马列主义教研室承担，那个时候马列主义教研室是一个独立的教学单位。我虽然在外语系，但因为我是学汉语的，所以就开汉语课。当时外语系只有俄语专业，还没有英语专业，学生也不是很多。我来到这边以后就担任这个系的两门课教学，一门是汉语课，一门是写作课。因为当时外语系成立不久，全国没有统一教材，我们就自编教材，自编自上，那时候年纪轻，精力比较旺盛，白天到外语系上课，晚上还到夜大学去上课，当时上课是没有报酬的，就凭着热情去上课。

"文革"开始以后，外语系停课了，夜大学也停课了。1970年，为了把校址让给中国科学技术大学，合肥师院部分系科才搬到这边来。学校搬迁，那边的历史系、中文系、艺术系、地理系等文科都过来了，并入安徽工农大学。到1972年，安徽工农大学才改名为安徽师大，这样，我们外语系的中文教研室才从外语系转到了中文系。我是从北京来安徽上班的，1977年被评为讲师，1985年被评为副教授，后来我没有申请教授职称，因为要退休了。当年我如果要申报还是可以的，因为我有两本著作：一本书是《现代汉语》，由张涤华先生主编，我参与编写，安徽人民出版社1979年出版的；一本是《古代汉语》，由杨昭蔚先生主编，我参与编写，安徽教育出版社出版的。此外，我还写了23篇文章。

我写过一篇题为《谈反切及其变读》的文章。所谓古音通假，实际上就是反切，反切是古代的一种注音方法。我后来也写过古音通假方面的文章，比如《双声叠韵和古汉语语音词汇》和《说文解字音注述略》。你们学历史的，学到古代史的时候，有注音，最早的注音不是十分准确，反切是用两个字来注一个字的字音，用两个字注一个字的注音，就比较合乎古音。我写这篇文章也不是心血来潮，是因为我们教古汉语的时候很多学生问到过注音这个问题，不明白反切是什么意思，我就给同学们做了一次辅导。中文系的方可畏主任听了以后建议我把它写成文章，后来我就把它发表在学报上了。

采访者：您刚来到皖南大学的时候对学校的第一印象是什么？那时候我们学校是什么样子的？

方德乾：那个时候学校规模比较小，只有几个理科的系，和一个外语系。很多校舍都是我来了以后才建的，论规模和现在不能比，现在花津校区好大，院系增多了，学校的范围也变得非常大。那时候赭山校区的房子是老房子，看起来也还是比较破旧的，当时我对学校情况也不太了解。外语系刚成立不久，皖南大学也刚成立不久，只有俄语专业，招生也不多，教师都在教俄语，还没有英语专业，后来就以英语专业为主了。那时候赭山校区的绿化搞得还是很不错的，我们学校的绿化与沙流辉、许用思两位校领导狠抓落实有很大的关系，校园栽的小树现在都很茂盛，前人栽树，后人乘凉。当时的绿化还是不能和现在相比的，我的印象大概就是这样的。

采访者：您在专业教学方法上有什么见解吗？

方德乾：现在有些老师采用课堂讨论、课堂讲授的方式教学，我也不完全反对。我主要还是采用传统的教学方法，以老师讲课为主，但也不是满堂灌，在讲课过程中，还穿插课堂提问、学生讨论等，学生对此还是比较赞赏的。另外，上完课后，我还经常对学生进行辅导。怎么上辅导课呢？我让学生把问题集中起来，然后在学生上自习课时给大家辅导。每堂课结束，我给学生布置作业，作业数量不多，一两个题目。第二天上课之前，抽五分钟时间，在课堂上讨论大家的作业。我觉得不能每堂课都进行讨论、讲授，要想把课堂讨论开展好，学生和老师都要做好充分的准备。但是教学上为什么还要强调以教师为主呢？我在山东大学学习四年，当时的基础课都是老教师上的，所以我现在给学校提的意见之一就是教授一定要上基础课，有些课程，刚毕业的青年教师来上课也是可以的，但是教授一定要上第一线。我在山东大学学习的过程中，所有的基础课都是全国比较知名的教授上的，冯友兰的妹妹冯沅君，唐诗方面的研究专家肖涤非，都给我们上基础课，所以我还是主张以教授讲课为主，教授上第一线，配合辅导的手段。比如，我给夜大学上课，除了晚上上课以外，每个星期还给夜大学的学生补课，另外，我还布置小组讨论会，一般两个星期进行一次，学生的反馈都不错。现在有时候遇见我教过的学生，他们说，我当时讲的课对他们帮助还是很大的。我教书好多年了，始终坚持一点：认真备课，从学生的实际出发，分析每门课程的不同要求。

我自己还编写了一本辅导书，叫《函授教学》，六七万字，我也是自己校对书稿的。所以我们要以认真的态度来开展工作，我这个以教授为主的教学方法看起来是老方法，但在课外还是要做很多的工作。教书，就是要以认真负责的态度，把每门课上好。

采访者：您对我们安徽师大学生的学习有什么建议吗？

方德乾：我曾提交《关于提高教学和学生质量的意见》，校党委还非常重视，把它打印出来发给参会的各位代表进行讨论。

关于学生的学习，我这里提出几点，一是要加强课堂的教学，强调教授要上第一线。二是一年级和二年级应该开辅导课。我们在山东大学的时候也是这样的，一、二年级由青年教师及一些研究生来开辅导课，辅导教师要在主讲教师的课堂上听课。所以我认为，我们学校也可以采取这样的方法上辅导课。过去还提出要加强"三基"的训练，"三基"即基本理论、基础知识和基本技能。像中文系的基本技能主要是写作，要动笔写。所以我提到这个问题，必须要有辅导课。

我在山东大学学习的时候，重点课程有两种考试形式。一种是笔试，笔试不打满分。还有一种形式是口试，占到30%。进行口试时，主讲的老师、辅导老师、教研室的老师都要参加。口试的时候，有大题目，也有小题目，每人抽两个题目，到专设的房间里准备15分钟，然后考试。口试很重要的，把关也很严。这样，可以有效防止考试作弊。我校副校长朱家存、文学院书记余大芹，还有老干部处处长方百盈来我家慰问，我也讲到这个事情，朱校长听后说，这个办法对防止作弊有好处。

另外，学校还要注意课时的设置。中文系文学史的课时是很重要的，不能被别的课程挤掉了。我们在山东大学学习的时候，文学史课程开设三年，古典文学课程开设三年。此外，中文系的多数学生毕业后当老师，这会涉及板书的问题。写好板书对师范生非常重要，如果你在黑板上写的字歪歪扭扭，学生对你的印象就会不好。

山东大学中文系的高亨老先生和历史系的赵俪生老先生，他们的古文基础都非常深厚，可以背诵《说文解字》，高老先生连《说文解字》的小注都能背出来，真是了不起。《说文解字》是最早的一部字书，能一字不错地背下来，这要下多深的功夫啊！背诵就是基本功。所以对中文系的学生来说，有些诗歌是需要背诵的，像你们学古代史的，《史记》《汉书》中一些好的段落最好还是能够背诵。在山东大学教唐诗的肖涤非先生，对杜甫的诗非常熟悉。我们有时候去请教他，他会要求我们先把诗背出来。复旦大学教授、研究唐诗的桐城人马茂元，据说能背万首唐诗。我们那个时候，把看过的内容记在卡片上，每次写文章时，都写在卡片上，一篇文章会写上几千张甚至上万张的卡片。现在有了电脑，但是电脑不等于人脑，更不能代替人脑，你把资料都存在电脑里面，假如电脑出了故障打不开，那么课堂讲课时怎么办呢？我说这些的意思是，学生在读书时一定要打牢基础，这是他们成功成才的基础。

采访者：您能跟我们讲一下您在安徽师大工作的这段时间里，有哪些印象比较深的事情吗？

方德乾：我经历了很多事情，其中有两件事给我印象还是很深的。我在1989年就退休了，跟新领导接触很少，有些人也不认识。以前，学校人比较少，领导和教师、学生接触的机会也比较多。让我印象比较深的是沙流辉和许用思。沙流辉以前是安徽师大校长，曾任六安地区副专员，他听过我上课而且是认认真真地坐在那听课，这让我很感动。许用思以前是我们学校副校长，原来是山东师范学院党委书记，后来调到我们学校的，他记忆力特别强，只要见过你一面，多少年以后都能认出你来。有时候见到我，他还主动跟我打招呼。他也去听过我的课，作为校领导，还能够深入课堂去听课，很令人感动。

我们赭山校区现在的环境之所以很美，与许用思校长重视绿化有很大关系。他经常说学校一定要把绿化搞好。现在学校马路两旁的树很多都是那时候栽的，抓绿化也是符合绿色发展要求的。你们下课后，走在林荫树下，比被太阳晒要好。工作期间经历了很多事情，这两件事让我印象比较深。

采访者：在教学中，您是如何处理好师生关系的？

方德乾："文革"以前师生关系还是不错的。那个时候师生关系良好，主要体现在两点：一是老师把课教好，跟同学比较亲近；二是同学尊敬老师，愿意接近老师。有这两个条件，才会有融洽的师生关系。但是"文革"期间这种关系被打乱了。

"文革"以后，师生重拾亲密的师生关系，师生朝夕相处，关系比较融洽。"文革"前后师生关系的变化就是这样一个情况。师生之间还是应当互相尊重，老师认真上课，对待同学应热情和关怀；学生认真学习，对待老师应尊重和体谅。

我虽然退休很多年了，但是每学期都有中文系的学生到我家来，有的是本科生，有的是研究生。虽然我不上课了，但是我跟他们的关系还是非常好的，我给他们提供很多的资料，我的图书有好几千册，送给学生的图书有一千多册，凡是到我家来的学生，我都要送书给他们。另外，他们还经常到我这来借书。老师也应该关心学生的学习，对待他们就应该像对待自己子女一样，所以有些学生毕业了以后，还经常写信、打电话来问候，或者来家里看看我。我现在还记得两个学生，一个现在在附中，已经毕业好几年了，是怀宁的，父母亲都去世了，伯父供她上的学，当时是由怀宁师范推荐上来的，她是一个学习确实很不错的女孩子。在她刚进校不久，我在报纸上看到她给《新安晚报》的感谢信，感谢《新安晚报》在她上学的时候资助她。她是中文系的，我就写了一封信给她，让她来我家借书，大学四年期间，她经常来我家借书看。每逢寒假、暑假，她也不回家，就在芜湖做家教，挣点钱留着下学期用，真是一个很不错的孩子。毕业了以后，她被分到附中了。

还有一个是宣城人，我们是通过中文系开展活动认识的。文学院中文系安排他带几个学生来给我送温暖，打扫卫生。我让他帮我登记图书，后来，他就经常到我这，我也给他提供很多学习资料。毕业以后，他被分配到了三亚当高中老师，表现还是很好的，两次被评为优秀教师，我们现在还经常联系。在校的时候，虽然我没带过他们课，但关系都还不错。

采访者：您觉得我们安徽师大建校那么多年，一直坚持的精神是什么？学校在教学或者学风方面一直坚持的品质是什么呢？

方德乾：我觉得我们学校最好的品质就是求实精神。对教师来讲，求实就是教师认真地教，把每门课都上好。对学生来讲，求实就是勤奋。学校的主流精神就是求实精神、实干精神。我常说，教师要认真上课，还要不断给学生补充新知识，针对学生的不同情况，进行辅导，这是教师的求实精神。我也常和学生说，大学四年很快就过去了，应该珍惜时间，一寸光阴一寸金，如果不好好把握，就难以打下坚实的基础。学生要充分利用大学四年的时间。所以师生之间要相互监督，坚持看书学习，如果师生都这样做，学校的学习风气就好了。

我作为一个老教师、老党员，也有责任帮助他们，遗憾的是我年纪大了，力不从心，我现在最大的一个问题就是走路不行了，但是我的听力还可以，脑子也没退化，有时候学生来跟我商量一些事情，我还能帮着分析个所以然。岁月不饶人啊，90岁了，已经风烛残年了，我也看得很清楚，生老病死是自然规律，要正确对待它。只要我还能好好地活一天，我还是要与学生保持联系。到我家结队帮扶的这一批学生马上就要毕业了，下学期学院又会介绍新的学生来参加结队活动。我的态度是生命不息、工作不止。

黄香先生访谈录

采访时间：2017年7月3日

采访地点：黄香先生寓所

受 访 人：黄 香

采 访 人：李海洋　韩白瑜

整 理 人：项思语　彭 薇

黄香，男，1929年9月生，安徽肥西人，中共党员。曾为皖北军区文艺干校学员、省军区司令部测绘员、第六步兵预备学校队列助理员，被记三等功一次。离休前先后任合肥师院行政秘书，安徽师大总务科副科长、总务小组副组长、总务科科长、中文系副主任、校务处副主任、劳动服务公司经理、校爱卫会主任兼计生委主任等。

采访者：老师您好！据我们了解，您之前参过军，能和我们讲一下您参军的经历吗？

黄香：我是1949年2月份参军的。在安徽省立合肥高级中学念书时，我和七位同学一块儿去参军，开始报名的是安徽公学，后来转到皖北军区文艺干校学了半年，七月份毕业后，我就被分配到皖北军区司令部情报科当测绘员。

1949年9月1日，我们军区的两个旅随着野战军71师到大别山剿匪，住在麻埠镇，单位名称是大别山东线剿匪指挥部，我在参谋处当测绘员。1950年3月，剿匪结束。国民党在淮海战役败退下来的一个师，副司令汪宪等头目被我军活捉，土匪在大别山的老巢被端掉，土匪迅速被歼灭，我们的剿匪任务算是完成了。剿匪结束后，我仍回军区司令部工作。不久，组织上安排我到军区警卫营三连三排当排长。不到半年，军区组织了农村工作团，工作团分成好几个组，我又被调回参加工作团，作为小组组长跟随小组被分到肥西县三河镇，在农村宣传实行民兵制的好处，工作半年任务完成后又回到军区司令部，回来后我被记三等功一次。

任务完成后，我回到军区司令部，承担测绘室工作，主要负责和苏联专家一起到皖东北地区进行大地测量。1952年皖北和皖南军区合并，成立安徽省军区，我仍在司令部情报科当测绘员。1954年我被调到第六步兵预备学校队列科当队列助理员。步兵学校的学员是从志愿军里面召集的一些班长和排长，安排到这里来学习文化、军事知识。1957年11月，我们去朝鲜招收学员到各个师参加选拔。我们是坐火车去朝鲜的，看到铁路两旁到处都是水塘，据说这是敌人飞机炸弹炸的弹坑，而且沿路到处能看到被炸坏的坦克和汽车。

1958年，中央军委宣布撤销步兵学校，干部就地转业，全部分配到安徽省文教部门和各个高校。我被分到合肥师院中文系当行政秘书，1960年又到总务科当副科长。1966年5月"文革"开始，学校停课。1969年我们全家被下放到了以前属于阜阳地区的利辛县李集大队向阳生产队。1970年，李集公社党委任命我为李集大队党支部副书记，让我有更多的机会为大队做一些工作。1973年，我被调回安徽师大，在总务组任总务小组副组长，安徽师大那时候叫安徽工农大学，1975年总务小组改为总务科，我任科长。1979年，我被提拔为中文系副主任。1980年，我被任命为校务处副处长。1984年，学校成立劳动服务公司，我被调去当经理，一直干到1988年。因为我快要离休了，所以又被调到校爱卫会兼计划生育委员会当主任。1990年底我就办理离休了，然后到老干部处报到，在这里我先后担任党小组组长、支委、副书记，我还是安徽师大党代会第七、八、九、十届党代表，并被评为优秀共产党员，我现在仍是离休干部党支部副书记。

采访者：您对我们安徽师大最初的印象是什么？

黄香：1973年我来到这个地方，当时这所学校上课很不正常。另外还有一个事也让我印象深刻，当时教师住房特别紧张，那时候学校几乎没有盖房子，只有原来皖南大学时的那几栋，合肥师院部分系部并到这里来，还有下放的教职员工陆续调回工作，因为学校没有房子住，很多教师都住在工棚里。我回来的时候，一家五口人就住在木工厂下面的一个小仓库两小间房。当时一家五口人挤在一间房子的现象很普遍。从合肥师院到安徽师大，一直到离休，我基本上是在后勤工作。我认为后勤工作主要有三大任务：一是为教学科研服务，二是为师生员工生活服务，三是管理好学校的房产、水电设施等资产。

采访者：那您有什么经验可以和我们分享吗？

黄香：我在后勤工作30年，第一个体会是，要想做好工作，必须任劳任怨，勤勤恳恳，大公无私，不计较个人得失。过去教职工的住房或家具都是公家配的，哪一级干部和教师住多少平方米的房子，都有相应的标准和具体的规定。所以在后勤工作就不能徇私情，要秉公办事。第二个体会是，在后勤工作的干部，特别是领导干部，每天在办公室，除了处理一些必要的工作外，大部分时间应该深入校园，在校园内走走看看，发现问题并及时解决。曾有一个同志就讲过，后勤干部就像过去的农村生产队队长，工作主要在基层，工人在哪里工作，干部就要往哪里去，干部不去现场检查，你怎么知道问题出在哪？所以在后勤工作的干部，工人在哪里工作，干部就要经常到哪里去巡视。

采访者：您觉得安徽师大最大的变化是什么？

黄香：学校这么多年，我觉得第一个变化是，教师的素质和教学质量普遍提高了，教学、科研水平也提高了，这一点很重要。教师是先进文化的传播者，是帮助学生健康成长的引路人，他们要承担这份责任。良师出高徒，教师水平高，学生水平就容易提高，教师水平不高是很难教出好学生的。

第二个变化就是学校规模扩大了，学生增加了，院系也增多了。过去我在中文系当行政秘书，中文系是学校最大的系，学生最多的时候也只有一千人左右，而现在叫文学院。去年我参加了学校春节报告会，听顾家山书记说，包括皖江学院，学校现有在校学生近三万人（包括留学生）在职教职工两千多人。特别是近几年学校在教学、科研上都取得了很大成绩，我们的学生在省内外的各种比赛中也都取得了优异的成绩，安徽师大可以说在省内外都有很大的影响力。我们每年新生高考录取分数线都是很高的，我的大孙子、老战友的孩子、老同学的孩子都先后在安徽师大念书，现在他们在各自的工作岗位上都表现得相当出色。所以我们学校培养出来的学生素质都是比较好的。我相信学校在校党委的正确领导下会越办越好。

采访者：您对于学校建设还有什么期望或者建议？

黄香：我对于学校的建设和期望有三点。第一个建议是，将三个校区合并成两个。我们学校规模比较大，而且分散成赭山校区、花津校区、皖江学院校区三个校区。我认为应该把皖江学院校区搬到赭山校区，因为今年物电和化材学院都搬到花津校区了，生化楼、教学楼、物理楼可能都空着，把皖江学院迁过来，既集中又便于管理，领导还可以经常去视察。第二个建议是，要加强赭山校区建设。学校在校园规划方面，提出了很多方案，比如橱窗文化、长廊文化等。花津校区我很少去，但它建设得不错，有一套科学的设计和规划。赭山校区几十年，校园风貌都保留着当年的面孔，没有增添新物，有些还在不断地老化。如20世纪六七十年代总务科和生物系都有一个较大的花房，配有专业的花师和技术员，可现在没有了。过去我们总务科的花房，光是月季花的品种就有146种，各种盆景都有。生物系的花房，光是荷花就有好几大缸，每年春、夏、秋、冬四季，花房的花卉、盆景送到各办公室观赏，可现在里面什么都没有了。改变这种状况，越来越需要加强赭山校区建设。

第三个建议是，赭山校区要想成为美丽的校园，必须认真地进行清理和规划。现在芜湖新建的小区，哪个不是绿树成荫？我住的侨鸿凤凰花园，小区内绿树成荫，一年四季都有花香。我们现在的学生宿舍周围和校园的大道两旁应该栽一些常绿的大树，让学生外出行走在树荫下。田家炳楼前需要补栽一些植物，四季都有花开的树，以美化校园。在图书馆北边，那里原来有一栋文学院办公大楼，拆掉后原本要盖新楼，后来没有盖成，文学院搬到花津校区去，就有了一大块空地，我觉得这块空地应该很好地规划一下，建一些长廊、花圃、亭子等，那个地方也是学生的活动中心，让学生去那里看看书、散散步，既能美化校园，又能美化学生生活。我们学校的老花房，现在还完好，应该恢复起来，安排专业人员负责校园绿化的管理和护理工作，如盆景的种植、花卉的培育、树苗的供应等。

李先芬先生访谈录

采访时间：2017年7月5日

采访地点：李先芬先生寓所

受 访 人：李先芬

采 访 人：李海洋　韩白瑜

整 理 人：彭　薇　项思语

李先芬，女，1928年7月生，安徽宁国人。1951年至1952年在部队因工作成绩突出，被记三等功两次。转业后曾多次被评为先进工作者。1976年5月起先后在安徽劳动大学、安徽师大工作，历任财务部会计、财务科科长等，直到1986年11月离休。

采访者：老师，您参过军是吧？您能给我们讲一下您参军的经历吗？

李先芬：我是1949年8月份在学校参军的。当时我在徽州师范学校上学，学校所在地就是现在的黄山市歙县。我有一个同学在南京的华东军政大学当兵，实际上就是学习军事理论和战略战术，通过她的介绍，我了解到这一情况。要参军可家里这一关不好过，家里有老人说"好铁不打钉，好男不当兵，一个女孩子当什么兵呢？"他们都不同意我去。当时家里的爷爷奶奶，特别是奶奶，坚决不同意我去参军。我觉得参军这条路不错，于是就跟老人软磨硬泡，最后奶奶终于松口了，说只要找个伴儿跟我一起去就可以。后来我就找了一个同学，他家庭比较困难，但他愿意跟我去，我们就一起去了华东军政大学。

到了华东军政大学，我们开始学军事、学政治。学校是有预科和本科的，预科学完以后学本科。实际上我没学到八个月，因为我比别人稍微晚去了一段时间，1950年初才预科毕业。预科学习的内容主要是政治、社会发展史、中国革命运动史，本科学习的内容主要是电信和通信。我们104个同志一起从南京到了北京，在那儿学习。当时正在招收航空兵，航空兵对身体条件、政治条件方面要求比较严格。我们这104个人里面没有一个合格的，所以当时的航空兵一个都没录取上。我国在陕西西安有一个航校，后更名为中国人民解放军第三航空预科总队，那个地方有女学员，但是没有女干部，于是就在我们当中挑了包括我在内的四个人去那儿工作。实际上，我在西安是学习和工作同时进行的，学的也是电信。我们四个人被分到三个建制单位，两个人在图书馆，一个做文书，我在大队做支教工作。因为四个人中，我的文化水平稍微高一点，他们仨是初中毕业，我虽然只读了一年高中，但是也算是高中学历。这样我就跟一群女同志在那里工作了两三年，1953年我被调到了兰州，所在的部队也是空军，在那学政治，改行当政治干事，主要是宣传干事。学习了半年后，根据指示，女同志不适合在部队工作，所以我们56个女同志就在兰州转业，都被分配到了商业系统。我和另一个女同志留在了甘肃省商业厅，其他54个人都被分配到各个公司，这就是我参军的经历。

采访者：您当时是怎么来到安徽劳动大学的？

李先芬：这就说来话长了。在甘肃工作了一段时间，1955年我和老伴结婚了。我们俩是小学同学，我老伴就是本校的学生，是在这儿参的军，时间比我早一点。部队把他送到中国人民大学马列主义教研室学习，他在那儿学习了三年的国际政治。1959年，我从兰州调到了老伴所在的保定工作，工作几年后，"文革"就开始了。我在保定商业局工作，我老伴的军籍还在部队，在完成学业后只能回部队工作，依然是军人。于是我跟他一起就从河北调到山西，在山西被频繁调动，从太原到临汾再到大同，我们的工作没有固定地点。当时要求不管到哪里，工作都要好好干，做一行爱一行，做就要做好。一直到1976年老伴转业，我们就从山西调到了安徽劳动大学，就这个情况。

采访者：您刚到安徽劳动大学的时候，对学校的印象怎么样？

李先芬：当时我对安徽劳动大学的印象还好，做一行爱一行嘛。在甘肃，开始我被分配在工会工作，厅长让我负责粮食统购统销，我就给他填写有关记录，写写材料。他看我能写材料，就开始让我去做物价工作。可是因为物价工作方面并不缺人手，工作也不对口，于是我就转行做会计。在安徽劳动大学、安徽师大做的一直是财务工作。

采访者：您在安徽劳动大学工作多年，能谈谈安徽劳动大学的情况吗？

李先芬：安徽劳动大学是一所很不错的学校，与安徽大学一样属于综合性大学，设中文、政治、数学、物理等系。我对安徽劳动大学的印象还不错。至于为什么会被调出这个得慢慢说。

1976年"文革"结束后，我们还在那里工作了一段时间，看到学校也有新的发展。1977年高考恢复，于是大家开始重视劳动者知识化。加上以下两个因素的影响：一是交通不便。当时学校地址在安徽宣城县下面一个集镇上，从那坐汽车到县城要半个小时，加上等车的时间，出趟门要耽误半天时间。办学校，跟外界信息不灵通是不行的，开展科研和教学工作必须了解各方面的信息，教师有必要跟外界取得联系，要出去开会，参加学术交流。二是那个地方生活条件比较艰苦。老师不愿意到那儿去，师资的供给出现困难，没有好的教师学校也就办不好学，一些老师想方设法离开学校。后来政治系和中文系都搬走了，大部分到了安徽大学，一部分到了安徽师大。数学系和物理系也调整至其他学校。安徽劳动大学改成了皖南农学院，皖南农学院不是综合性大学，而是农学性质的大学，只有两个系，农学系就是其中一个。

在那儿工作了一段时间后，以前的困难依旧没有解决，信息照样不灵通，交通照样不便，老师照样不愿意去，学校办不下去了。后来，经省政府同意原安徽劳动大学老师被分流到安徽大学、安徽师大、安庆师范学院，皖南农学院搬到合肥，更名合肥经济技术学院。因为我们是宁国的，离安徽师大比较近，组织上就让我们来这儿了。我和老伴一起来的，具体时间是1990年，当时学校住房困难，真正搬过来是在1992年。当时老伴是安徽劳动大学宣传部的副部长，我是财务科的科长，学校对我们还是挺照顾的。

采访者：您之前一直是在安徽劳动大学的财务部门工作，那您了解那时这所学校老师的工资变化情况吗？

李先芬：大概了解一些。1977年以前实行的是低工资，教职工的工资待遇较低。拿我来说，1956年我在部队里是副排级，转业后是科员级，从1956年到1977年一直没有调过工资，其他一些老师的情况也大同小异。1977年以后，职工工资有多次调整，记得1977年调了一次、1978年调了一次、1979年又调了一次，工资慢慢地就涨上来了，但是总的工资水平是不高的。当时每个月五十几元，从59元到1977年的68元，然后到76元，最后到85元，连着调了三次，我算是幸运的。工资总的来说还是比较低，最高的也就是85元，其他老师的工资还没我的高，因为我参加工作比较早。要说工资调整，也是到了安徽师大以后才大调整的，全国性的工资调整，是从2007年才开始的。1992年我来安徽师大的时候每个月才182元，这已经是调了好几次的结果了。我原来是会计师职称，后来拿到了中级职称，我的工资真正涨起来是2007年以后的事，我为什么记得是2007年呢？因为当时我的一个儿子在深圳工作，我在他那边，单位把我的工资寄去深圳，一次就寄了一万多元。

采访者：那个时候您家里人工资也都不高，家里应该挺困难吧？

李先芬：现在我们的退休金都提上去了，我们每月退休金都有好几千了。你猜我现在退休金多少钱？我现在每个月7000多元，从2007年开始一直在陆陆续续涨退休金。去年涨了500元，前年涨了580元，逐渐地就涨到了现在的7000多元。我真的不敢想象，以前那时候只有59元。

采访者：您在安徽劳动大学工作的时候，不管是学校的变迁还是您自己的生活中，有给您留下深刻印象的人或事吗？

李先芬：当时从北方调到南方，这我让我印象深刻。我还挺满意的，因为北方吃的是冻肉、腌肉，南方不一样，吃的是很漂亮的新鲜肉，油条炸出来都很好看。搬迁后大家分到了房子，我们很高兴，这一点我印象比较深。

采访者：您是经历过"文革"的对吧？您能结合自身经历跟我们说一下"文革"的一些事情吗？

李先芬：我没有经历过那些事情，我只是个普通的工作人员，我老伴也不是大干部，那时我比较自由，就是看看大字报，在"文革"期间没受什么苦难，但是生活还是很困难的。

有一件事情给我的印象还是比较深的，当时有些人支持一派，另外一派就反对，我们的工作就会受到他们的影响。到了太原以后，暂停了九个月工作。因为当时支持的那一派同意我们去，对立的一派不同意我们去，所以我们就没了工作，九个月没上班，也没有工资，就是在家待着。苦啊！九个月没发工资，日子当然不好过，只能在家照顾孩子。

我这个人，性格比较随和，不管怎样，还是要做好工作。当时三个孩子分别6岁、4岁、2岁。两个稍微大点的孩子都上了幼儿园，到了上小学的时候，孩子就能自己照顾自己了，2岁的孩子还不会吃饭，需要人专门喂养，于是就把小女儿送回老家了。我母亲还有我嫂子都很喜欢小孩，也都同意把小孩带回老家照顾，我的问题算是解决了。

"文革"的时候，我所在单位对工作要求很严，过年都不让休息，仅仅在大年初一放了一天假。我们一天到晚地忙，家务活也没时间干，当时就是这样。

采访者：您在部队里表现很突出，被记三等功两次，您能说说您在部队里的一些小故事吗？

李先芬：那个时候就是领导要求我好好干，我就好好干，没别的。因为家庭条件比较艰苦没有条件继续上学，能够参军有份工作心里就挺高兴的，所以比较听话、工作比较认真吧。重视文化教育，向文化大进军，就是全身心投入文化教育事业。从小学到中学，那个时候所在部队办了文教班，就让我去那儿当老师，从汉语拼音教起。我就在那个地方立了一次功，我自己也是边学边教。

廖家骅先生访谈录

采访时间：2017 年 7 月 7 日

采访地点：廖家骅先生寓所

受 访 人：廖家骅

采 访 人：胡正毅　胡琼月

整 理 人：岳　野

廖家骅，男，1936 年 8 月生，黑龙江齐齐哈尔市人，祖籍安徽金寨，教授。1956 年毕业于安徽师院艺术系，先后担任金寨师范学校音乐教师、金寨县文化局创作员、安徽师大教师。享受国务院政府特殊津贴。曾任中国音乐教育学学会副理事长，中国音乐家协会音乐教育委员会委员，安徽省高等学校艺术学科评议组组长。《音乐教育的哲学思考》获全国音乐教育论文评选二等奖。

采访者：老师您好！首先请您回顾一下您的求学经历。

廖家骅：作为安徽师大的一个退休老人，我跟安徽师大结下了不解之缘。我 18 岁考取安徽师院，也就是现在的安徽师大的前身，当时被安徽师院艺术系录取。安徽师院艺术系那时只有两个专修科，即音乐和美术。当时在安徽，我们学校是唯一一所涵盖艺术专业等多学科多专业的高等院校。

1954 年我考进来的时候，安徽师院艺术系在狮子山，就是现在的安徽师范大学附属外国语学校所在地。入校后，一年级下学期时整个学校就迁到赭山了，也就是现在继续教育学院的位置，当时是在后面山上的旧房子里。学校为了培养合格的中学艺术教师，要求学生都要学习音乐和美术，就是音乐组要学美术，美术组要学音乐。当时没有咱们现在这么多的豪华楼宇，但是赭山的风景是很漂亮的，我们在这个地方生活了两年，它给我留下了深刻印象。当时教学条件比较简陋，艺术系的音乐组只有几架钢琴，美术组只有一个写生的教室。当时招生人数很少，但是大家学习都很努力。

当时课外活动也非常丰富，学生会起了很大作用。我记得当时成立了很多课外小组，如戏剧组、舞蹈组等。我参加了戏剧组，而且在学校广场演了话剧《放下你的鞭子》，观众反响热烈。当时学生会的活动地点在五四堂，五四堂有很多乐器和游戏器材，每个星期都在那里开展课外活动，到了星期六还开舞会。

在安徽师院这两年的学习和生活对我的人生道路起了非常重要的作用。在做人和做学问方面，老师都提出非常严格的要求，所以我毕业以后一直对我的老师非常敬重，如洪波教授、许仲良教授、李学韩老师，他们在我的学习和生活中都起到了很好的教育作用，帮助我养成了很多良好的习惯，这是让我终生难忘的。

采访者：您后来到安徽师大任教，来到这里的机遇是什么？

廖家骅：在谈这个问题之前我先补充一点，这个和我们安徽师大有密切的关系。1956毕业以后，我被分配到大别山的金寨县金寨师范学校担任音乐教师，一干就是30年。我在金寨度过了"文革"前的10年、"文革"后的10年，以及"文革"的10年。在这30年中，可以说我度过了从青年到中年这段时间，下面我要介绍几个情况。第一个是我在金寨工作的时候，一直坚守在山区师范学校，当时的人生信条就是过去老师经常教育我们的——要踏踏实实地学习、工作，要认定人生的目标。所以说，我在这30年当中，除了搞好教学之外，在音乐的创作研究方面，一直在刻苦努力。受"文革"影响，学校停办了，我就被调到文化局创作组从事一些歌曲创作工作，先后写了有几十首歌曲。有一首对社会影响比较大的歌曲是《跟着毛主席向前走》，它的旋律很简单，歌词是"红太阳，照心头，团结一致去战斗……"它表达了我对党、对毛主席的热爱。第二个是我酷爱文学写作，当时就结合自己的专业在音乐理论方面不断地进行研究探索。

在金寨30年，特别是"文革"以后，我在歌曲创作的同时，还进行音乐理论的研究。我研究的主要范畴包括音乐美学、音乐教育和音乐评论三个方面，并先后在国家级和省级音乐刊物上发表了几十篇论文。由于我创作的歌曲和论文在全国产生了一定影响，所以在"文革"后期，金寨师范学校教学工作恢复以后，就有一些高校陆续联系我，希望将我调到高校从事音乐理论方面的教学与研究，但是当时金寨县县委对于教师的管理非常严格，也因为山区缺乏教师，没有同意我调走。在这个时候，我迎来了一个人生转机，在安徽师院上学时，教我们中国革命史的王郁昭老师在"文革"以后担任安徽省省长，在他去金寨检查工作时，我一眼就认出了王老师，在他的帮助下，我离开了金寨县，选择回母校，回到安徽师大任教。一方面这里有我的老师，另一方面这里有我熟悉的环境，这是一块我热爱的土地，她培养我长大，所以我愿意回到安徽师大来。我在1986年12月赶到安徽师大报到，在这之前我整整在金寨待了30年，离开的时候，感触很深，因为我老家是金寨的，离开金寨回到金寨又从金寨出来，于是，我写了一首打油诗："少小归家老大别，离乡背井忍悲切。回首往事心无愧，扬子江畔创新业。"在写我的回忆录中把它收录进来了，这是我人生路上的一个里程碑。

以上介绍的是我在金寨工作30年以及利用母校教给我的知识发光发热，然后日夜奋斗，最后回到母校的经历。这一段历程已有60年之久了，我这里只有一张照片，是1956年我们艺术系团支部成员分别前的一个合影，距离现在61年了。这就是我的这一段经历。

采访者：能谈一下在您工作期间学校教职工的工资水平情况吗？

廖家骅：到安徽师大以后，我觉得我的工资收入是扶摇直上。开始我在金寨工作30年，工资在试用期是每个月49元，后来转正是每个月51元，整整二三十年没动过，中间有过一次调整，但是因为我在学校各方面条件不符合当时的要求，也没有机会晋升，所以无缘工资的调整。我在金寨评上了讲师，所以是以讲师的身份进入安徽师大的，在这之后的几年中我从讲师到副教授，从副教授到教授，工资也随着职称的变化从最初的100元不断上涨。2000年我拿到退休文件的时候，工资已经是1000多元了，这个和以前比，已经翻了好几倍，特别值得一提的是，退休到现在已经17年了，我的退休金从1000多元增加到6500元左右，这些变化说明了党和政府对知识分子及退休老师非常关心，我们也非常感动，同时也说明安徽师大领导认真贯彻执行党的政策方针，不会因为教师退休了就不给教师增加退休金。

采访者：您能谈一下在安徽师大工作这么多年，学校给您留下印象比较深的几件事吗？

廖家骅：我在安徽师大工作到退休，也经历了一个不断成长的过程。我刚来时只教音乐教学法，后来又上了一门新课——外国音乐史。在这两门课的教学过程中，我不断学习，不断了解学生的动态和学生的心理情况。另外，由于我在国内有各方面的学术信息资源，和同行间相互交流经验，在教学方面很快就得到了学生的认可。当时音乐教学法被作为音乐教育学研究的重点课程，并且作为省级重点学科，后来被评为安徽师大优秀课程。正因为受音乐教育学这门学科的影响，所以在国内，我们率先和首都师范大学联手成立了中国音乐教育学学会。我担任过学会副理事长，首都师范大学的曹理教授担任学会理事长。在这些年里，我们团结全国各高校的音乐教育学教师，研究了国家的一些重点课题。其中，"普通学校音乐教育学研究"作为一个重点课题，获得国家教委的社科二等奖，这是一个很重要的奖项。另外在教学研究上我们还把理论和实践结合起来，不仅传授音乐教育理论，而且注重学生的教学实践，每年都带着毕业生到芜湖市的中学去实践教学。

20世纪80年代，高等艺术教育专业包括音乐和美术教育专业。学生入学的时候，文化课的分数比一般的文、理科要低，这样就出现两个问题，从有利的方面来说，它可以让一些真正有艺术才能的学生跨入高校的门槛，但相对来说，它有局限性，由于文化素养比较低，学生对于艺术的表现和理解就受到局限。我刚调到安徽师大任教的时候，就发现学生的文化水平比较低，他们在写毕业论文时，经常会出现很多错别字、病句等问题。所以我在授课过程中经常说，要做音乐人，首先要做文化人，没有文化是不行的，学音乐走的是匠人之路，不是艺术家之路。于是学生开始重视文化课程的学习，重视阅读、重技轻艺的倾向在一定程度上得到了扭转。来到安徽师大以后，我亲身感受到学校对艺术教育、对音乐系是很重视的。我刚到来时，学校硬件设施和软件设施都比较差，音乐系和美术系在一块儿，叫做艺术系，分别在系办公楼左边和右边。我们音乐系练琴的琴房在办公楼的外面，山上也有几个琴房，在这样简陋的情况下，我们从事了一段时间的教学，后来随着学校的发展，音乐系和美术系有了一栋新楼。新楼的一边是美术系，一边是音乐系，这个新楼给我们音乐教学提供了比较好的硬件条件，音乐系的发展也取得了很大进步，这是我感受比较深的一方面。另外，关于教师的梯队建设方面，这也有很多可圈可点的地方。

采访者：您能谈一下音乐在育人方面的作用吗？

廖家骅：这是我比较关心的问题了。最近外地的一些高校硕士研究生要写关于我的论文，比如说江苏师范大学的一个研究生最近联系我，他的论文题目是《廖家骅的音乐教育思想研究》，他把提纲给我看，我当时就谈了一些感想。我认为高校音乐教育的根本任务不是培养音乐家而是培养人，所以要把音乐教育和人的培养有机结合起来。为什么这样说呢？因为音乐和人的关系，要把音乐作为培养人、服务人的手段。从这个角度来说，我始终强调音乐审美教育，即音乐教育的本质必须通过审美教育来实现它的功能，审美教育是素质教育的组成部分。我在1993年评教授的时候，当时的主要科研成果是人民音乐出版社出版的《音乐审美教育》一书，它体现了我早年的音乐教育思想。我还邀请当时中央音乐学院的院长兼博士生导师于润洋教授为这本书作序。这本书在我评教授职称时得到评委们的一致肯定，因此我被破格晋升为教授。为什么破格呢？因为我从副教授到教授的评定不到五年，另外，我既没有研究生学历又没有本科学历，1956年安徽省艺术专业没有本科，都是专科，从专科晋升教授也是一个破格。

之后我又陆续发表了一些文章，主要是围绕音乐审美教育展开探讨，比如说音乐审美教育要和音乐、心理学联系在一起，这样才能更好地发挥音乐教育在培养人、教育人过程中的作用，这是我基本的教育思想。我认为音乐教育具有社会价值，从孔子到现在几千年来，音乐教育一直是中国传统文化的核心之一。音乐教育能够对人产生潜移默化的作用，它不仅具有娱乐功能，而且可以陶冶身心、陶冶品格、塑造完美的人格。这是我的学术思想的核心。但是我认为音乐教育的研究不能孤立进行，要全面了解人的心理和完整的教育观，要从教育审美观念、音乐教育哲学思想方面来探讨。所以，我的另一篇论文《音乐教育的哲学思考》获得国家教育论文二等奖，也体现了我对音乐教育的一些看法。

采访者：安徽师大的名称变过很多次，从刚开始的安徽大学，到后来的安徽师院，再到皖南大学，再到安徽工农大学等。您觉得安徽师大不变的精神是什么？

廖家骅：安徽师大不变的精神就是我们现在校训里面讲的那八个字。校训也是在不断发展的，20世纪50年代的师大主要强调的是培养又红又专的人才，但是师大始终是以培养合格的人民教师作为学校的奋斗目标的，这一点是不会变的。看看安徽师大的校史，我们会发现现在很多高层次的人才都曾在安徽师大上学或任职。从这一点来看，我感到安徽师大的培养目标是准确和正确的。

采访者：之前我们去听过一个"高雅艺术进校园"的音乐会，听完之后感觉非常不错。您对这样的活动有什么看法？

廖家骅：我认为"高雅艺术进校园"这种形式的活动是咱们中国特定历史条件下提出的一个任务，这个任务的提出有一个重要的社会背景。在改革开放以后，正如邓小平所说的，苍蝇蚊子也进来了。在文化领域有一些比较庸俗、低级的东西，对青少年一代产生了一定的消极影响。因此国家就提出要让高雅艺术进校园，包括一些优秀的、经典的剧目和精湛的表演艺术进校园。为什么呢？我觉得能够让正能量通过艺术、文化来培养年轻的一代，这是一个重要的课题，所以首先要从高校开始。像中央芭蕾舞团、中央歌剧院和中国交响乐团把一些优秀的节目带到全国高校去演出，这起到了一个重要的示范作用。现在我们音乐学院排演一些节目到其他学校去演出，我认为也是属于"高雅艺术进校园"，这应该是"高雅艺术进校园"长期坚持的方针。虽然这个讲起来容易，做起来还是比较困难的，因为高校有它的特殊性，学校有自己的教学任务，另外演出单位能否长期地、无偿地到高校演出，这涉及经费和时间安排的问题等。因此，要把"高雅艺术进校园"活动做得更深入、更持久，需要采取多方面的措施，或利用现代媒体，或发动民间团体开展一些正能量的艺术节目，来帮助高校丰富校园文化生活。总之，优秀的文艺作品能够产生更好的育人作用。

采访者：您在退休之后，学校对老教师的关怀这一方面有没有什么变化？可以简单说一下吗？

廖家骅：这方面我感受很深，我经常和老伴说，安徽师大对退休教师的关怀真的很到位。可以举很多例子，例如每两年给教师体检一次，每逢教师节学校都给退休教师发放慰问金，逢年过节也都有慰问金，除此之外，学校还经常组织一些活动，比如给当年80岁的老师祝寿，这使我们感觉到学校对退休老教师还是很关心的。此外，我们想反映一下我们的愿望。目前我们的医保卡在学校医院不能使用，在外面的医院看病时才能使用，这让我感到很不方便，因为学校医院有自身的优势，校医院各方面的服务都很好，但是不能用医保卡支付，必须用现金支付，这给教师带来诸多不便，我们希望学校领导能够解决这个问题。总的来说，学校对我们退休教师很关心，这一点确实让我们很感动。

采访者：您对音乐学院或者学生的未来发展有什么期望和建议吗？

廖家骅：我感到音乐学院现在发展很快，无论是教职工数量、教师梯队，还是硬件设施都远远超过了我退休时候的条件。比如，我2000年退休时，当时在岗教授就我一个，现在已经有11位教授了，还有很多博士，这个发展是很令人欣喜的。还有一点值得骄傲和自豪的是，音乐学院拥有国务院学位办批准的第一批硕士学位授权点之一。音乐学院一直秉承着育人的方针，培养了一批又一批高层次人才，这方面的成绩确实非常突出。现在学校很多学院都有了博士点，但是到目前为止，音乐学院在这方面还处于空白状态，所以说作为退休教师，我们既希望音乐学院领导和教师能够通过努力拼搏，在软件、硬件方面创造更好的条件，能够早一点拿下博士点，也希望学校领导能够在政策上给音乐学院更多一些倾斜和关怀。

采访者：您从事音乐教育工作有40多年，能谈谈我们安徽师大教育方面的变化吗？

廖家骅：安徽师大教学环境，即硬件设施上的变化还是比较突出的。在我们上学的时候完全靠传统的教学手段，而现在现代化的媒体技术大大丰富了教学手段，这是教育方面的一个很大飞跃。但是这些现代媒体技术的使用要适可而止，不能完全用现代媒体技术代替教师的知识传授，因为课堂上教师除了口头传授知识外，和学生还要有情感的交流，所以在教学上除了充分利用现有的硬件条件以外，还要更多地注意传统方法的延续使用。

采访者：1983年学校获批音乐学院硕士学位授予权，您能详述一下这个过程是怎么样的吗？

廖家骅：我是1986年调来的，当时的音乐系就招收了两个硕士研究生，一个是陶诚，学钢琴的，另外一个是张毅，即现在音乐系的教授，他跟朱予老师学理论作曲，研究生的教学是从他们开始的。我评为教授以后也带了三届研究生，他们的研究方向都是音乐学的音乐教育，其中有一名研究生叫褚灏，现在是山东曲阜师范大学音乐学院的院长。我们的硕士点建设还是取得了不少的成就，培养了不少人才。我在退休以后，又积极协助学院向国内专家推荐，后来帮助我们音乐学院又获得了第二个硕士点，即艺术学的硕士点。

采访者：您培养了很多优秀学生，让您印象深刻的学生有什么故事？

廖家骅：好学生确实很多，在这里举个例子。我带的第一届研究生中有个叫桂燕的，她最初是学小提琴的，后来跟我学习音乐教育。她在学习期间，非常热爱音乐教育，发表过论文，毕业以后，她没有选择到高校工作，而是去了普通中学工作。后来，她在中山市一个重点中学教音乐，她的教学成绩斐然。作为优秀教师，她为中山市培养了很多音乐方面的后备人才，无论是人品还是学习，桂燕各方面表现都不错。当时我主持编写的由江苏文艺出版社出版的《简明音乐教学词典》，她是主笔之一，写了很多词条。

陆润麟先生访谈录

采访时间：2017年7月4日

采访地点：赭山校区退休教师活动中心

受 访 人：陆润麟

采 访 人：李海洋　韩白瑜

整 理 人：恽　智

陆润麟，男，1934年7月生，江苏无锡人，中共党员，副研究员。1954年至1956年在安徽师院生物科学习，毕业后留校任生物系助教、团总支书记。1960年至1963年在复旦大学生物系攻读生物物理专业研究生。1965年起在安徽师大及其前身历任体育系团总支书记、副主任，生物系党总支副书记、书记。迄今发表学术论文多篇。

采访者： 老师您好！您能跟我们讲一下您的求学和工作经历吗？

陆润麟： 1954年我考上了当时的安徽师院。那个时候大学招生是全国统招统分，不用自己填志愿的，报名以后就参加考试，7月15日考试，8月15日发榜。在哪里发榜呢？15万个学生的成绩都在《人民日报》上公布，有二三十个版面呢。成绩公布以后再发入学通知书。当时我们班的学生不仅有安徽的，还有江苏、浙江、福建等地的，我就是江苏的。

来安徽师院报到的时候，芜湖发大水，当时的芜湖市没有防洪墙，那时的中山路，也就是现在的步行街，一片汪洋，水齐腰深，可以撑船。我从无锡乘火车先到南京，由于芜湖发大水，就改乘小轮到芜湖，早晨六点钟出发，到芜湖已是晚上了，路上花了十几个钟头。那时的大学没有围墙，老百姓都从西大门那边的小门进进出出。那个时候学校招生很少，大部分都是专科，本科到1958年才有的。我们班当时招了30个学生，后来有两个小学老师是调干的，所以总共有32个学生。我们当时的教室在哪里呢？宿舍在哪里呢？现在已经找不到教室、宿舍的痕迹了，荡然无存。当时学校有三个大楼，分别叫一大楼、二大楼、三大楼，我们被安排在一大楼，位置就在现在的音乐学院南面山坡下面，那里不是有一个很大的草坪吗？就在那个地方。那个时候生活倒是很方便的，楼下是教室、楼上是寝室，课间口渴了，就可以跑到楼上寝室喝口水，十分方便。那时候吃饭不要钱，因为师范生不要学费，也不要交伙食费，下课了以后，拿着碗叮当叮当就到食堂门口去等了。当时的食堂在哪里？就在东大门那个地方，后来被拆掉了。东大门那里原来有一座山坡，那个山坡现在也看不到了，荡然无存。当时的学习、生活情况大概就是这样。

我是1954年入学的，在学期间担任班级团支部书记，并在1956年毕业前加入中国共产党。我毕业之后留校任教，1958年担任生物系团总支书记，后被调到党委办公室，当时党委下面有个审干办公室，我就从事审干工作，一直到1959年回到生物系任团总支书记。1960年我按照学校要求报考上海复旦大学的研究生，于是就到上海复旦大学进修了三年，所学专业是生物物理。生物物理在当时算是比较尖端的专业，1963年我进修结束后，这个专业就被撤销了。我在皖南大学待了不到半年，就被调到校党委"四清"办公室。1965年，我又被调到体育系当党总支委员、团总支书记、体育系副主任，即现在学院的副院长，后来又调回生物系先后担任副主任、副书记、党总支书记，直到1995年退休。

采访者： 您从事过教学工作，能谈谈具体情况吗？

陆润麟： 我当老师的时间不长。1956年毕业留校后当了一年多的助教，就被提拔为干部。在当时，从教师提拔到干部是很荣幸的事情。为什么呢？因为调出来就负责党务工作，这是党组织对我的信任。当然，过去的助教和现在的助教工作是不一样的，过去我们当助教，就是去导师那里当助教，给导师做助手，我们能真真切切地从实践中得到锻炼。生物系有实验课，导师要做实验，助教事先要准备好实验材料、上课的教具、标本等。一般来说，青年教师要有两三年的助教经历才能讲课，讲课时先讲一节或一章，慢慢地才可以全部教授一门学科的课程。当时上课所需要的教具都是要助教亲自动手去画、去做的。

采访者： 您对我们学校青年教师有什么建议吗？

陆润麟： 我对青年教师有两点希望。第一，要把教育学生放在第一位，也就是要把教学放在第一位，把个人放在第二位。第二，要培养自己的动手能力，当然，这是对理科生来讲的，动手能力很重要，文科则是另外一回事。

采访者： 您对我们学校青年学生有什么建议吗？

陆润麟： 我在学校工作了39年，其中到上海学习3年，到党委几个办公室工作3年，其他33年呢，当党总支书记11年，剩下的22年基本是从事学生工作，曾分管过学生工作。过去的团总支书记、党总支副书记，主要是抓学生的思想政治工作，我做了20多年的学生工作，所以对于学生工作，我还是有一些经验的。过去学生的思想政治工作抓得很紧，当然，客观上来说，那时候辅导员带的学生比较少，有时间和精力经常深入学生当中，与学生谈心谈话。

对于师范院校来说，就是要突出师范特色，培养合格师资。所以，如何把学生培养成未来合格的教师，是值得重视的一个问题。教师是人类灵魂的工程师，是塑造人类灵魂的，正因为如此，任何时候学校对教师的要求都很高，教师必须要有丰富的学识。正所谓教，就是教师要有一桶水，才能给学生一杯水。学校对学生的学习也抓得很紧，一方面抓德育，一方面抓智育，一切工作都是围绕培养目标进行的。学生毕业后，在工作分配上一切服从党的安排，听从党的调配，一切都是为党工作。我们做学生的思想政治工作，包括向学生说明教师的重要性：教师是培养人才的，把学生逐步培养成国家的人才，关系到祖国的前途和命运。那时高校思想政治工作主要侧重于教育学生爱党、爱国、爱人民、爱专业。所谓巩固专业思想，就是要确定这个奋斗方向和目标。

对于学生而言，要求德、智、体、美、劳全面发展。培养未来人类灵魂的工程师，首先要抓好德育，同时也要抓好智育，还要抓好体育。那个时候学校每个星期三下午都要组织学生开展两个小时左右的政治学习。另外，学校还注重培养学生与劳动人民的感情，因为学生走向社会以后面对的是广大劳动人民。为了加强劳动教育，学校每个星期都要组织学生打扫教室和卫生包干区。当时的每个系科、每个年级、每个班级都有清洁卫生的包干区，一般来说，打扫教室是学生自己按时完成的，而打扫卫生包干区，是辅导员带领班级学生做的。此外，每个学期学校还会安排学生到农场参加几天农业劳动，除草割稻、推大粪车。通过这些活动来增强学生与劳动人民的联系，培养学生与劳动人民的感情。同学们还积极响应1963年3月5日毛主席向全国发出的"向雷锋同志学习"号召，积极开展学雷锋活动，用行动践行雷锋精神。如校园内有好多小山坡，都是学校运菜车的必经之路，当时的运菜车用的是板车，负责运菜的是一位老人，运菜车经过小山坡时，同学们会主动帮助老人推车、拉车，并帮忙把蔬菜搬进食堂。又如在学生宿舍里，有同学把洗脸水打好了放在桌子上面，过去每个宿舍有一个大缸，里面放有一缸温水，要问这洗脸水究竟谁打来的，谁都不愿意承认是自己做的，这就是学雷锋。再如，有同学生病了，班级的其他同学都去帮忙照顾。个别同学学习成绩不好，班上其他同学就去帮他。当时所在的系团总支就组织了一个活动叫"一帮一，一对红"，即一个帮一个，学习成绩好的帮助学习成绩差的，结果是学习效果明显。

过去同学之间的关系比较真诚，在学习、生活上相互照顾，互相信任，互相支持，还开展批评与自我批评，及时地给同学指出缺点。正所谓"小洞不补，大洞受苦"，过去就是这样的互帮互助。现在的情况是怎样的？当同学有缺点或问题时，可有同学通过饭后边散步边聊天的方式向他提出来，并给予建议？因为往往是旁观者清，有时候自己有了缺点或问题没有发觉，身边的人却已经看出来，如果能彼此加以指正，这样才是同学之间真正的互相关心和互相帮助。这方面的工作，负责政工的干部就要去组织、去推动、去指导。

过去的学生都靠信件来往，那时候也没有手机。辅导员要求学生要关心自己周围的同学，关注他们的喜怒哀乐。观察信件往来后学生的心理变化，也是了解学生思想状况的途径。通常来说，见到信后兴高采烈的就知道是好事，愁眉苦脸的就知道家里可能出事了，学生及时向辅导员汇报，辅导员也能及时了解学生的思想动态。过去的思想政治工作就是这样做的，跟现在不尽相同。

采访者：您在学校工作那么多年，有什么印象比较深的事情吗？

陆润麟：我一生都是做思想政治工作的，印象最深的事，一个是"文革"，另一个是"1989年政治风波"。"1989年政治风波"发生后，学生集体不上课，上街游行，那个时候我是系党总支书记，就是现在的院党委书记，前后有一个多月，我天天到晚上十一点多，等学生上床熄灯了才能回去。我经常找学生谈话。

我们那个时候一心只想为党的事业奋斗，为社会主义建设奋斗。当时我分管学生工作，所在系毕业生分配的事都由我负责。我真正做到根据原则秉公办事。我会根据学生学习成绩和综合表现，实事求是地将毕业生分配到不同的学校去工作。当时的口号是什么呢？祖国的需要就是我的志愿，到党最需要的地方！这是很让人怀念的。

现在时代不同了，情况也不一样了，再用我们过去的那套思想政治工作的方法恐怕是不行了，但是有些原则我们还是应该坚持的。比如说辅导员应该真正地深入到学生中去，去了解学生真正的思想变化情况。过去我们经常到学生宿舍去，与学生拉家常，了解学生的喜怒哀乐。如果严肃地把学生喊到办公室，问他最近状况如何，对某个事件有何看法，他会讲吗？他会把真正的想法告诉你吗？不会的。做思想政治工作就要这么做，真正深入学生群体中。

采访者：我们学校建校快90年了，您觉得我们学校一直坚持的精神是什么？

陆润麟：我工作的时候比较务实，按规则办事。现在的每一项工作都有规则，学校要按照规则逐项打分考核教师。你们现在是学分制吧？参加活动是有学分的吧？过去没有这些。不管怎样，教师要真正对学生负责，把教学放在第一位，这是始终都不能改变的。

采访者：您对我们学校未来的发展有什么建议吗？

陆润麟：建议是有的。一个学校的名望在于培养了出类拔萃的教师和毕业生，而不在于招了多少学生，有多少教授，有多少副教授。一所学校如果培养了国家所需的各行各业杰出人才，那学校的知名度也就提高了。20世纪60年代，我们学校唯一一个全国的二级教授，名叫王志稼，是藻类学的开山鼻祖。钱三强、华罗庚等是一级教授，他是二级教授。生物系还有一位陈璧辉教授，他是研究扬子鳄的，是国家动物学会的理事、林业部的劳动模范，在动物学界也很有名气。扬子鳄是一种濒危动物，他研究出扬子鳄的人工孵化，现在扬子鳄的数量有好几千只了。大家都知道陈璧辉教授是安徽师大的，学校名气自然就提高了。生物系81级的学生韩斌现在是中国科学院的院士，也是出类拔萃的人物。如果安徽师大的毕业生中能多培养一些院士，那安徽师大的名气自然就更大了。

所以我认为，学校要想扩大影响，在全国的师范类院校中名列前茅，就要推出一批高质量的研究成果，培养一批优秀毕业生，培育一批优秀教师。只有培养一批出类拔萃的毕业生，培育一批在全国有名望的教师，才能真正提升学校的知名度。我希望学校能够在这些方面多下点功夫。

陆同兴先生访谈录

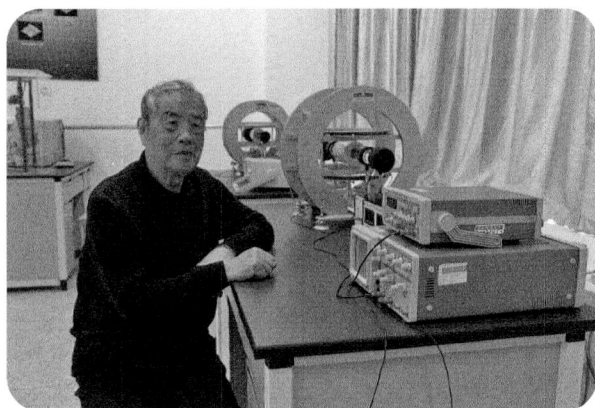

采访时间：2017年7月5日

采访地点：陆同兴先生寓所

受 访 人：陆同兴

采 访 人：李海洋　韩白瑜

整 理 人：胡琼月

陆同兴，男，1934年12月生，江苏常熟人，中共党员，教授。1954年至1958年在安徽师院物理系学习，毕业后赴清华大学进修两年，1962年至1966年在列宁格勒大学攻读副博士学位，回国后到皖南大学任教，致力于物理学科的教学与科学研究，获得中国物理学会胡刚复物理奖。曾任芜湖市物理学会理事长、安徽省物理学会常务理事等。2016年获安徽师大第二届终身成就奖。

采访者：老师，您毕业于安徽师大，后来到清华大学进修，您能跟我们讲一下您的学习经历吗？

陆同兴：我1954年从江苏常熟来到这里，1958年在本校物理系毕业。我从小在农村长大，是真正的农民的后代。从我儿时记事开始，就在农业劳动中度过。我父母亲都是文盲，靠着强健的身体、高强度的生产劳动和勤俭节约的习惯，建立了一个还算殷实的农民家庭，经过二三十年的劳动，从起初十来亩耕地增加到二十多亩，在当地算得上富裕。但父母从长期的劳动中悟出一个道理：要翻身就要有文化，因此希望子女们去上学。

常熟是国家历史文化名城。历史上，孔子唯一的南方弟子——言偃（言子）就在常熟，清朝同治、光绪两任皇帝的老师翁同龢也是常熟人。当代，从常熟走出来的院士有20位之多。我小时候没有书可读，反而受过一次奴化教育：那是1937年，中日吴淞会战后，苏南沦为日本人统治区，日本人把儿童集中起来教日语课。后来镇上办了几次仅有一两个教师的学堂，我断断续续进了五六次"校门"，学完了小学六年的课程。

1948年秋，离家十里路的一个大镇要办初中。父母要我上学，初中三年我每天来回二十余里路。读初中期间，1949年中华人民共和国成立，各种政治运动的开展激发了我的政治热情：寒假去做义务扫盲教师，晚上参加土改文艺宣传，报名参加军事干校、支援抗美援朝活动等，还订了一份《中国青年》杂志并认真阅读。初中毕业后，我考上了常熟师范学校，学校既不收学费，也不收伙食费。心里想着，1954年毕业后，我被分配到公办小学当教师，算得上跳出了"农门"，初步实现了父母的愿望。这个时期我心情愉快，学习成绩上升，加入了中国共青团，并阅读了许多课外图书，增长了知识，提高了认识。1954年中师毕业前夜，无疑是我人生经历的一次突变。那一年，再有一个多月就要毕业了，大家都期待即将到来的小教工作，突然上级发来通知，中师毕业生可以去考大学，同学们的情绪立即高涨起来，大家匆匆复习了功课就仓促去应考。因为中师毕业生只能录取到高等师范院校，而且录取的考生要在全国调剂，后来我就被安徽师院物理系录取了。

要说小故事呢，可以把入学过程说一下。当年8月份，中师的同学们已陆续拿到录取通知书，我则毫无信息，我望眼欲穿地等待，直到9月10日前后才得到通知：芜湖市发大水，开学推迟到9月下旬。上学路上没有人相伴相送，只能单人独闯，我从农村出来，先坐汽车到苏州，再坐火车当夜到南京下车。我一出站就傻了，语言听不懂，芜湖火车不通！我艰难地了解到去芜湖要乘小轮。我转遍江边弄堂小街找到码头，并在那里找了个小旅馆，次日凌晨4点起床。5点开船，在长江里逆行十五六个小时，终于到达青弋江口的宝塔边上。只见岸边灯火辉煌，人头攒动，好不热闹。船靠岸后，老生们冲到船上，把我的行李一件件装上板车，我心里热乎乎的，紧张的心情渐渐安定下来。第二天起来环校园走一圈，大水浸泡过的痕迹比比皆是；山上有一处红房子，有的房间是实验室，有的房间后来用作办公室，我对此感到很新奇；山下有三座二层的楼房，那是日本人盖的，其中一大楼差不多有100米长。了解到安徽师院是安徽历史最长、规模最大的高校，我的心情十分激动，期待着第一堂课的来临。

采访者：您的工作经历能跟我们说一下吗？

陆同兴：1958年，我大学毕业了。从1954年进校到毕业，安徽师院变化很大，发展很快，物理系教师队伍从我刚来时的二三十位发展到我毕业时的六七十位了，教学设备、实验仪器增加了很多。由于要支援新建的合肥大学，即现在的安徽大学，物理系的二、三年级的学生都去了合肥，仅留下七位教师。后来省里决定还要办安徽师院物理系，没有教师怎么办呢？办法之一是留毕业生当教师。我们共有六位同学留校，被分别送到外校进修。我被送到清华大学进修，到清华大学报到时，清华大学领导对我说："你将来是要回去当老师的，先在这里当个实习老师。"所以我在进修时一边听课，一边和清华大学教师一样，去给学生答疑，参加科研工作。进修的第二年，我还指导了两位留学生写毕业论文。在清华大学进修的那两年，我在教学和科研能力上的进步是显著的。后来我去苏联留学，在清华大学打下的基础，对我顺利完成博士论文起了很重要的作用。

采访者：您在苏联学习期间，有什么故事可以和我们分享呢？

陆同兴：1962年11月，我们一行50多人去苏联留学。我在列宁格勒大学物理系攻读副博士学位，在1963年和1964年内接连发表了9篇文章。我们留学生不仅要认真学习，还要深入到苏联的教师与学生中宣传我们党的主张。

1964年，赫鲁晓夫下台，中苏争论转入到美国轰炸越南问题上来，这种状态一直持续到1966年。在全体留学生奉命中途回国的情况下，我们的业务学习也显得更为紧张、艰苦。我们通常早上8点起床后匆匆吃完点心，就进入实验室或图书馆，晚上11点才回到宿舍。在苏联学习的有利条件是：比较容易找参考资料，可以参加各种报告会，更好地了解学科发展的前沿，看到世界先进科学技术发展的方向与水平。就博士的研究工作而言，导师给出研究题目，我们必须自己确定研究内容、查找资料、设计实验等，当然这些是很锻炼人的。博士生的研究成果必须具有创新性，是别人没有做出来的，否则就没有资格进行答辩。苏联人的读书风气很浓，所有图书馆都可以借书，即使是街道图书馆，每天也都坐得满满的。如果要游玩，列宁格勒游玩的地方很多，比如冬宫就在我们学校旁边，还有夏宫，那是海边的避暑公园。同学们今后有机会去旅游，一定要去列宁格勒看看，在那里可以受到文化与艺术的熏陶。总体来说，苏联人民对中国人民是很友好的。1966年4月，我终于把论文写出来并开始做答辩的准备，导师也忙碌着准备我的答辩工作，然而，使馆突然传来通知，要求我不答辩，结果导师十分生气、为难。现在你们看到的这本论文手稿，本来是要在答辩后送到苏联的国家图书馆存档的，因为没有答辩，所以我该得到的学位却没有拿到。实际上，那个时期所有的留苏同学都没有拿到学位。直到"文革"结束后，教育部才给大家补发了一张学历证明书。

采访者：您对我们学校青年教师有什么建议吗？

陆同兴：现在的青年人都很有朝气，每个青年教师要有敢于担当的勇气，他们最应该关心的是如何使自己成为一个对国家、对社会有用的人才。因此，他们首先应该有扎实的基础，扎扎实实才能成才。工作中除了要把教学搞好，还要开展科学研究，特别是理科教师，因为只有通过科研才可以看到学科发展的前沿，从而领悟到教学发展的方向。开展科研工作并不是说要放弃教学，相反，这是促进教学的一种手段。

我们讲安徽师大不错，但是我校还不是985大学、211大学。一个学校的科研成果对学校的整体水平影响很大。我的一个关于教学研究的课题"非线性物理"，被省教育厅列为重点研究课题。我边教学边研究，在研究教学基础上写出的教材，被列为"十一五"规划建设教材。这本书在全国发行，受到广大师生的好评，这就是科研为教学服务。我坚持在研究生教学中自己编写教材，我上的"激光光谱学"课，就是自己编写的教材，中国科学院有相同专业的研究生，他们也使用我的书教学，由此，我们学校的影响力就体现出来了。所以，青年教师怎样努力？就是做好基本工作即教学，然而教学不能仅限于教材的内容，还要拓展新的内容。

也就是说，我们在坚持教学的同时，也要做好科研，用科研来带动教学，然后在发展教学的同时，提高科研水平，因此，教师要有能反映自己特长的研究方向。几十年来安徽师大最大的变化是什么？这可以分成两个阶段，我校"文革"以前是一个阶段，"文革"以后是一个新的阶段。

"文革"以前学校基本上是纯搞教学的，我们物理系的情况基本上是这样的。"文革"以后，物理系开始招收研究生，开始发展有我们自己特色的学科，有了特色学科，便有全国影响力。"文革"前主要注重教学，是因为那时整体的师资水平与能力还不够，水平与能力的提升要有个成长过程。

"文革"前打了基础，"文革"中又被压抑了，大家是憋了一股气的，"文革"后便爆发出来，这就是"文革"后理科开展科研工作的原因之一。做好科研不仅是为了提高个人能力，而且是为了提高学校的整体办学实力。"文革"之后，数、理、化、生，每个学院的毕业生中都有院士，这说明我校的办学水平发生了质的飞跃。我也获得过一个胡刚复物理奖。大家知道，中国物理学家在研制我国的"两弹一星"中发挥了很大的作用，做出了举世皆知的贡献，为了纪念中国物理学前辈们在发展物理学事业上的贡献，中国物理学会设立了几个以他们的名字命名的物理奖。这些奖都是每两年评选一次，每次一个项目，一个项目不超过两人。这是一份2013年中国物理学会秘书长在一个纪念会上的发言稿，可以看到，从设立这个奖起，这里面就有我们安徽师大的老师，985大学也只有少数几个人获得过，获奖的基本上是中国科学院的人。

采访者：那您的那个课题有什么推广价值吗？

陆同兴：前几天同济大学一个课题组负责人打来电话，咨询有关他们的一个研究样品的测试问题。2000年在杭州的一个国际性会议上，德国的一个课题组找到我，要我推荐一些学生到他们那里去读博。2009年，奥地利的化学系会理事长专程过来调研我做的仪器。这个仪器在国际上也产生了不小的影响。

我这个仪器做成后，中国顶尖的自由基化学研究专家、中国科学院化学研究所的徐广智，带着他的博士后与研究室的书记，一起来我这里调研，当即决定把我最重要的一个助手带走，现在这个学生在美国，并获得了教授职称。还有，中科院感光化学研究所的一个课题组邀请我前去讲学，并要我指导他们的仪器建设。再有，1995年至1997年，山东大学的李干佐博导曾带领数位硕士生和博士生前来合作，共发表SCI论文14篇。其间，香港中文大学的吴奇院士参与了部分研究，中科院"百人计划"、国家杰青基金获得者苏红梅也曾在这里完成了她的硕士论文。

采访者：您能讲几个"文革"时期安徽师大的故事吗？

陆同兴："文革"时期关于安徽师大的故事太多了，不过，"文革"对我来说最大的损失是浪费了我最佳的十年光阴。就我们物理系来讲，"文革"前就建立了一支不错的教师队伍，"文革"期间教师队伍或多或少都受到影响。

采访者：您理解的安徽师大精神是什么？

陆同兴：我经常给学生做一些以科普为主的报告，我也给学生做过一些关于校史的报告，如《我们从师大起飞》《爱我师大》等。总的来讲，我们安徽师大不错，关键是学校有较好的学风，这是我们学校出人才的关键。学风不是一天两天就形成的，是在长期的办学过程中逐渐形成的，因此也不会在一天两天内就消失，它是师大的办学理念、教师的努力教学和学生的刻苦学习综合形成的风气。师大的学生中农民子弟比较多，他们来到这里刻苦学习，看到学生愿意学，我们当老师的，就教得格外认真。另外，我也不允许学生考试时作弊。一方面教师认真，另一方面学生好学，所以学风良好。正是因为学风比较好，所以我们能培养那么多精英人才。

外界对我校也比较认可，如中国科大、中科院安徽光学精密机械研究所每年都要专程派人来，指定要招收我们这里的学生到他们那儿去读研究生，因为我们的学生基础扎实，工作勤恳。所以说，当时我校教师队伍建设得很好，队伍力量很强，这造就了我们"文革"以后教学质量上的一个质的提高。我们不仅招收了研究生，而且培养了一批精英人物。2000年以后学校又有大发展了。

采访者： 您对安徽师大未来的发展有什么期望和建议吗？

陆同兴： 前几天，我在给物电学院起草办学理念时提出了两条建议，一是加强基础教育，二是培养突出的年轻教师。全校应该有几个在省内突出并在国内有名望的教师，学校应该要有"跨世纪人才"。我们还要办一些突出的学科，要有一些突出的代表性人物，一个学院里有两三个"杰出青年"就很好。我觉得我们学校的每个专业一定要有一两个突出人才，我们必须在这方面努力。

倪光明先生访谈录

采访时间：2017年7月5日

采访地点：倪光明先生寓所

受 访 人：倪光明

采 访 人：胡正毅　高金岩

整 理 人：岳　野　高金岩

倪光明，男，1931 年 2 月生，安徽桐城人，中共党员，教授。1951 年至 1954 年在安徽大学化学系学习，毕业后留校，先后任教于安徽师院、皖南大学、安徽师大，曾任安徽师大教务处处长、副校长，全国化学化工情报教协会副理事长等职。出版教材 1 部，发表论文 30 多篇，完成省级重大科研成果 1 项，获安徽省高校优秀教学成果二等奖，享受安徽省政府特殊津贴，被录入《中国教育专家名典》和《中国专家大辞典》。

采访者： 老师您好！您能跟我们说一下您的求学经历吗？

倪光明： 我是 1951 年考入安徽师大的前身安徽大学化学系的，在校学习了三年就毕业了，当时国家缺乏大学毕业生，所以华东局高教部就要求我们提前一年毕业，即 1954 年 7 月毕业。毕业以后，就业由国家统一分配，所以我留校任教了，而且是学校决定后通知我的，我事先不知情。当时学校的情况我不太了解，首先我还是学生，其次我们在三年级下学期有一门物理化学课，因为化学系没有教师上课，全班同学都到南京大学化学系请傅献彩老师单独授课，回来以后就毕业了。

采访者： 您能谈谈"文革"期间学校的教学是怎样的吗？

倪光明： 在"文革"初期，我不在学校而是在芜湖专区的湾沚镇参加"四清"运动，湾沚镇就是现在芜湖县县城所在地。1966 年 7 月以后，我就留守在湾沚镇一直到 1966 年 12 月才返回学校化学系。在"文革"期间，学校停课，也没有招生，因此，当时学校里只有 66 届、67 届、68 届三届学生，66 届的学生全部到农村参加"四清"运动，"四清"结束以后他们就地分配工作，所以 67 届和 68 届学生就跟我们教职工一起到农村和工厂参加"斗批改"，一直到 1969 年，这两届学生才分配工作。1970 年 10 月，学校开始招收工农兵学员，那时候的生源就是知识青年和工厂的工人，这样一来他们的文化程度差别就相当大，有的是 1966 年毕业的高中生，有的是初中生，有的是小学都没毕业的工人。工农兵学员上大学的任务有三个："上大学、管大学、用毛泽东思想改造大学"，所以他们一边上课学习，一边学工学农，学工就是到工厂开门办学，学农就是到农场劳动。关于教学，针对学生文化程度的差别，我们自编教材，对少数基础特别差的学员采取个别辅导的方式，考试的时候怕他们仍考不及格，就助考，即帮助他们考试，所以有人形容这种办学方式是"大学的招牌、中学的教材、小学的程度"。这些工农兵学员学习三年后也大多成了才，有当教师的，有当辅导员的，有当干部的。在当教师的人之中，有的考取了研究生，大部分成了教授，有的还成了二级教授。

"文学"结束后不久，国家就恢复高考、恢复招生了，这是件让大家都很高兴的事。

采访者：当时您的工资情况是怎样的？学校关心退休教师的工作让您感觉怎么样呢？

倪光明：我很抱歉，对这个问题不能清楚地回答，因为学校给职工发工资的时候，有时发工资单，有时不发工资单，我也没有保留学校发过的工资单，所以这方面情况不能够讲得很清楚。我们毕业的时候是每个月54元，"文革"的时候是每个月80元，一直维持到1980年，1980年以后增加了一些工资。我的工资不是太高，但是在全校教师中还算是中等的吧，所以还能维持家庭生活。我家有两个孩子，上小学、中学、大学都是免学费的，我只供书本费和伙食费，所以还能供应得起。

我退休之后，开始几年在外地生活，后来回到学校过退休生活。学校对退休人员都十分关心和照顾，组织各种活动，每年春节的时候都会给退休人员发慰问金。顾家山同志曾是化材学院的党委书记，他对退休老教师很关心。

采访者：您去过安徽师大的花津校区吗？化材学院也搬到花津校区了，您对这样的搬迁有什么看法？

倪光明：从学校的发展来说，如果不建立花津校区，仅有赭山校区是不行的，容纳不了这么多学生，所以从现实和长远的角度看，建立新校区是明智且有必要的。物电学院和化材学院搬过去也是应该的，因为这两个学院的专业实验性比较强，赭山校区实验室水平参差不齐，不适宜进行教学和科研活动，况且花津校区还有新的教学实训楼，所以搬到花津校区对两个学院的发展都是有好处的。我非常赞成这样的做法。

采访者：那您能谈一下我们化学系的变化吗？

倪光明：化学系的变化要从发展规模和层次水平上来说，过去和现在是不能比的，现在比过去的发展规模扩大了好几倍，层次水平也提高了好几个台阶。我们那时候化学系学生不多，我们班是人数最多的，只有12个人，其他的班有的 11 个人，还有的才 9 个人，三个年级总共只有三十多个人，教师有十几个人。实验室就是原来的二大楼和三大楼，只有几百平方米，那是芜湖沦陷后驻芜日军留下来的，后来才改造成实验室。从教学情况来说，课程不多，科研成果很少。到了 1960 年，学校建成了一个面积为 6000 平方米的生化大楼，我们化学系和生物系都搬过去了，实验室条件大为改善，面积有 1000 多平方米，学生数量也有很大发展，1960 年就招了两百多名学生。到了"文革"结束、改革开放以后，尤其是近几年发展就更快了，在办学层次上，过去只有本科生，现在有硕士生、博士生；在科研水平上，化材学院取得的科研成果很多，教师在国内外知名的期刊杂志上发表了很多文章，总之，改革开放以来，化学系有了飞跃的发展。在一次化学系校友会上我讲过："化学系现在的发展在我们化学系的历史上是翻天覆地的，是大飞跃。"

采访者：您对我们学校的夜大学有所了解吗？

倪光明：安徽师范大学夜大学原来是我们学校的一个附属单位，"文革"后，行政管理工作改由芜湖市负责，虽然铭牌写的是"安徽师范大学夜大学"，实际上是芜湖市的夜大学，它的人事编制和所有的经费由市里负责。安徽师范大学夜大学的教学工作由安徽师大各有关科系承担，学校不仅给夜大学提供教师，还给他们提供讲课和实验的平台。夜大学在芜湖市培养人才方面起了很大作用，为芜湖市培养了许多优秀人才。

采访者：您了解我们学校教职工住房情况的变化吗？

倪光明：当初的教职工宿舍我了解得不多，有些教师住在校内，有些教师则住在校外。校内的教职工宿舍在新村（在现在赭山校区的体育馆区域），学校后来又建了路东新村（在赭山校区东大门后面，教育科学学院前面的区域）。到了 20 世纪 50 年代中期，学校相继在淮海村、路西建了一大批教职工宿舍（淮海村的宿舍已拆）。20 世纪 60 年代初期，学校在凤凰山区域又建了一大批教职工宿舍。"文革"期间，教职工宿舍基本停建。改革开放后，教职工宿舍的建设又有了很大的发展。我一直住在赭山校区的路西十七栋，有十几年了，1984 年搬过去的，到 1998 年才搬到路西二十栋。

采访者：您能谈一谈在校期间给您印象最深的一件事吗？

倪光明：学校给我印象最深的事情就是大搞科学研究，1959 年下半年到1960 年上半年，一年不到的时间，学校的教师和学生积极响应号召大搞科研。我们化学系的学生，白天上课，晚上搞科学研究，每到夜晚，实验室里灯火通明。除此之外，学校还组织教师进行高精尖研究，诸如数学系研制计算机，物理系研制静电加速器，化学系从铀矿中提取制造原子弹的原料，等等。当时，科研气氛很浓厚，那种大搞科研的场景让我至今仍记忆犹新。我觉得，通过大搞科研的实践，解放了当时师生认为科学研究十分神秘的思想，为日后师生开展科研奠定了基础，这是一笔精神财富。

采访者： 您能谈一下我们学校校名的变化情况吗？

倪光明： 我知道一些，但不一定很确切，1949年之后，学校共改了四次校名，每次改校名都有它的背景。

第一次改名是将安徽大学改成安徽师院和安徽农学院，那是1953年、1954年的事情。因为国家进行院系调整，对全国的院校和系、专业进行重新调整，在华东地区互相调配。譬如班级人数少的就调出，班级人数多的保留，当时我们班有12个人就保留了，江苏师范学院的化学系51级学生只有9个，就并到我们班来了。院系调整之后，国家提出要设立独立学院，所以就把安徽大学的名字取消，设立安徽农学院和安徽师院，安徽师院就这样成立了。

第二次改名是将安徽师院改为皖南大学。这是因为当时处于"大跃进"时期，要向科学进军，向高精尖发展。学校领导认为我们要把师范学院改为综合性大学，并设立一些新的尖端专业，所以，像数学系就增设了计算数学和计算机技术两个专业，物理系增设了半导体专业，化学系增设了放射化学、稀有元素化学和高分子化学三个专业，生物系增设抗生素专业，这些都是前沿专业。校领导向当时省委第一书记曾希圣提出来要把师范学院改为综合性大学的意见在省里也通过了，省里认为安徽师院原来的基础比较好，可以恢复为综合性大学。当时省里考虑的是把我们学校的名字恢复为安徽大学，可是在这之前，合肥成立了合肥大学，而省委书记曾希圣请毛主席给合肥大学题写校名，毛主席在视察安徽时说合肥名气不大，还是叫安徽大学，所以他题写校名为安徽大学。因此曾希圣当时就说："安徽大学的名字，毛主席已经题写过了，就不能再叫安徽大学了，皖南地区应该成立一所综合性大学，就叫皖南大学吧。"因此就将安徽师院更名为皖南大学。1958年刘少奇主席视察芜湖，时任我校党委书记万立誉请他题写校名，他题写的这个校名就叫皖南大学。

第三次改名是将皖南大学改为安徽工农大学，这是在"文革"期间造反派提出来的。他们认为，工农兵应该掌握教育的主导权，所以学校应该叫做安徽工农大学，这样皖南大学就改成了安徽工农大学。

第四次改名是将安徽工农大学改为安徽师大。起因是1970年底，工农兵学员已经进校，那时学校组织了一个教改学习考察队，考察队要到外地去考察学习，考察队有十几个人，我是其中之一。带队的是校党委副书记，他还是军代表。我们先到武汉考察，带的是安徽工农大学的介绍信，我们把这个介绍信给他们看，他们看了以后却不理解学校的性质：是工科，还是农科？我们只好解释一番。因此，当时带队的领导就认为，这个校名不好，要改，不改的话，在外联系工作时很不方便，所以一回芜湖，他就向校党委反映了这个问题。经党委研究，认为这个校名的确不仅跟外界联系不方便，而且工农大学也不能反映我们学校的性质，当时我们学校还是师范性质，是培养教师的，所以应该改名为安徽师大。总之，学校每次改名都有它的背景。

采访者：安徽师大现在的校训是"厚德、重教、博学、笃行"，您觉得校训中体现的师大精神是什么？

倪光明：这个校训写得比较全面，我在任副校长的时候，我们提出的"团结、勤奋、求实、创新"八字校训，比较简单明了，也能体现出师大精神。

采访者：您对化材学院未来的发展、学校青年教师和青年学生有什么期望和建议？

倪光明：我对这个方面没有考虑那么多，只是希望我们化材学院要千方百计地吸引国内外一流的人才，希望化材学院越办越好，尽快成为国内的知名学院。

作为一个长者，我今年都快九十岁了，很殷切地希望青年教师和学生做一个自信、自强、自立的人。自信来自实力，实力来自勤奋，世界上最成功的人，往往不是最有才华的，而是最勤奋的人。自强就是人要有梦想、有志向，鸟贵有翼，人贵有志，鸟不展翅难高飞，人若有志事竟成。自立就是凡事要靠自己的力量完成，路要靠自己走才能越走越宽。所以，我衷心地祝愿青年教师和同学们能做"三自"的人，并且成为对社会和国家有贡献的栋梁。

任兴田先生访谈录

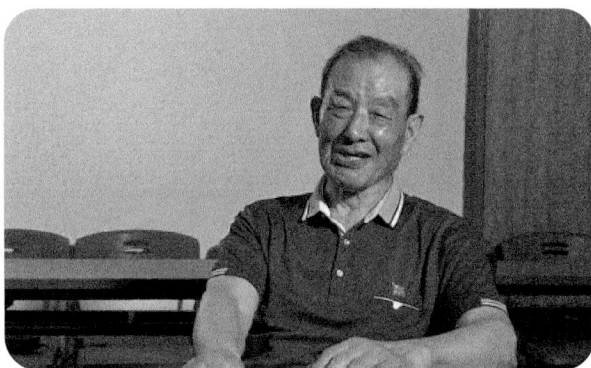

采访时间：2017年7月1日

采访地点：赭山校区退休教师活动中心

受 访 人：任兴田

采 访 人：王京京　王　芹

整 理 人：黄　涛

任兴田，男，1935年1月生，安徽利辛人，中共党员，副研究员。1956年在安徽师院化学系学习，1960年2月被选送至北京中国科学院化学冶金所进修，年底回皖南大学任教。先后担任安徽师大人事处副处长、党委组织部副部长、副校长、党委副书记、校纪委书记等职。长期从事党政管理工作，曾讲授化学课程。迄今发表论文数篇。

采访者： 老师您好！首先请您介绍一下您的求学经历。

任兴田： 我是1956年从阜阳一中毕业后参加高考，被安徽师院化学系录取的。当年9月1日入学，入学之前我就是中国共产党预备党员，11月，我的档案从阜阳一中转过来，档案寄来以后学校才找我谈话，问我为什么不早一点说我是预备党员。我说这是组织问题，不能个人来宣传自己。上大学以后，1957年正赶上学校开展大鸣大放。我们那一届化学系有6个班，是招生最多的一届，在我们之前，每一个院系都是一两个班，最多时才3个班，数学系、中文系也都扩大了不少。我在34班，是6个班中的最后一个班，化学系学生编班从29班开始到34班结束。因为我是党员，所以档案寄来后，引起了系里重视，被选为班干部，任班里团支部书记一直到毕业，当时跟着大家一起学习一起炼钢铁，相处得都非常好，比较团结。这就是我简单的学习情况。

另外，我还赶上了"大跃进"，那个时候我们要大搞科研、大炼钢铁。由于参加的社会活动比较多，所以学习时间相对就减少了，主要靠自学，大家在一起温习功课。

采访者： 您一直在安徽师大工作，能谈谈其中的经历吗？

任兴田： 毕业前夕，也就是1960年2月，我到北京中国科学院化学冶金所进修，进修回来后就工作了。当时在学校参加的活动对我们来说也是一种锻炼。老师亲自指导我们做科研，和我们一起做实验，一起进行分析研究，这不但可以丰富我们的课堂理论知识，而且对锻炼我们的动手能力也是很有帮助的。我在北京冶金研究所学习期间，正好赶上冶金研究所大搞革新，我就负责自动分析天平的研制，这得到所里的大力支持，不过因为时间比较短，研制没有成功。1960年12月我回到皖南大学，被分到化学实验室，在系里任教四年。

1964年全国开展"四清"运动，我被派到寿县东津公社。我们的团长是芜湖市原市委书记，时任林业厅副厅长，叫郑家琪，他带着林业厅的队伍跟我们师范学院的工作队组成一个团，他任团长。我被分在这个公社的社部，也就在团部里工作了七个月。到各工作大队调查研究，与基层干部、农民进行直接接触，这既锻炼了我的身体，又锻炼了我的思想。回到学校以后，我留在学校人事处的人事科，跟时任人事科科长汪令词一起共事，科长很关心我，并且培养我，我也很努力地做好工作。

1966年，"文革"开始了，当时社会上派别之间互相斗争，处于混乱状态。所以"文革"给我们的印象，也是非常不好的，因为它破坏了稳定的工作和学习环境。

"文革"开始后，原来的处室调整了，工宣队、军宣队进驻学校，把处室改为组，如党委部门设政工组，下设组织小组、宣传小组、群工小组；原总务处改为后勤组，下设总务小组、伙食小组、水电小组、维修小组，即大组套小组的组织机构。我从人事小组到学生小组，再到后勤伙食小组，在校内更换了几个岗位。1978年后，我又从伙食科调回到人事处，两年后调到组织部任副部长，1983年被提为副校长。我的路走得比较顺，我感到很庆幸。

采访者：您曾担任退教协理事长，能谈谈您做了哪些工作吗？

任兴田：我努力做好本职工作，一直到1995年退休，在职时我分管党群工作。1990年国家教育工会总结了福建泉州、安徽芜湖离退休教职工组织开展自我教育学习娱乐活动的经验，这些经验得到国家教委的肯定，并在全国推广。1992年安徽省退离休教育工作者协会（简称退教协）成立，我们学校也成立了退教协，开展活动，受到离退休教职工的欢迎。1998年12月，退教协换届选举的时候，我被选为理事长，连续干了两届共13年，这13年里跟大家一起学习，一起活动，养成了体育锻炼的习惯。我经常打太极拳、排球、乒乓球等，现在好多老同志缺少的就是锻炼的意识和习惯，出去走一圈就想回家，锻炼强度不够。我的锻炼意识是很强的，即使在办公室里也不忘锻炼，看了半小时文件就出门走走，活动活动筋骨，所以我自己感觉身体还是可以的，这是我最大的收获。13年的学校退教协工作经历，让我获得了健康，这主要得益于校党委的支持和创造的条件。在退教协工作中有苦有乐，但还是以乐为主，大家说说笑笑，欢欢乐乐的，再也不觉得孤独。安徽省退教协原理事长在2010年因病去世后，我进入一个非常困难的时期，当时我是安徽省退教协的常务理事、副理事长，当时正患面瘫，但因为我的威望高、值得大家的信任、工作表现积极又愿意为大家服务，所以我还是勇敢地接受了大家的重托，负责省退教协理事长的工作，一直干到现在。

采访者：学校退教协和安徽省退教协当时的工作条件怎么样？

任兴田：我认为学校是很重视做好退教协工作的，一是跟安徽省退教协同步成立校退教协，活动正常开展，按期组织换届；二是我接手安徽省退教协工作后一筹莫展，在非常困难的情况之下，学校党委为我解决了办公室的问题，配备桌椅和电脑，支持我发挥余热；三是学校成立了管理处，由校领导分工管理；四是划拨相应的管理经费供退教协开展活动；五是安排了场所供大家阅览书报和活动；六是学校主要领导和分管领导抽出时间参加退教协活动，直接面对面与老同志交流，对我们离退休职工反映的问题非常重视。学校主要领导说，只要有文件有依据的，我们学校经费再困难，也要想尽办法解决涉及离退休教师切身利益的问题。校党委书记顾家山曾说，就是砸锅卖铁也要想办法还清账单。这是我个人的感受，都是实际情况。我们在这样的环境下养老，也是非常有利的，我热爱这所大学，热爱这个环境。

采访者：学校盖留学生楼时，您还在职，请您谈谈留学生楼的故事。

任兴田：2000年以前我校研究生教育主要是代培，有部分教授招收研究生，我们接收的主要是非洲留学生。现在专家楼宾馆前面的两幢四层楼，叫留学生楼，盖那个楼的时候，我还在职，楼建成之后，原本计划给校领导住，刚好教育部批准我校招留学生，留学生进来没地方住。原来考虑让留学生住在铁山宾馆，但因为花费相当大，学校承受不了，就将那个楼给留学生用。学校领导顾全大局，以工作为重，就这样解决了当时留学生的住宿问题。

采访者：据我们了解，"文革"时您在人事处工作，请您谈谈学校"文革"时的情况与您所做的工作。

任兴田："文革"时我已经在机关的人事处工作，我们的任务主要是浏览并有选择地转抄大字报，所以当时我们也都参加了一些活动，但是"文革"当中我们没有任何破坏行为。我们组织了各种战斗队（团），我被选为"革命到底战斗队"小队长，但是我们的活动仅限于看看大字报，转抄一些大字报，工宣队、军宣队进驻学校以后，我们战斗队的活动也就停止了。机关工作都在工宣队、军宣队领导下工作，我们跟工宣队、军宣队密切配合，努力做好工作。一直到现在，我和芜湖造船厂的几位工人师傅还有交往，因为大家相处得比较好。后来在学校组建领导班子时，我被选为副校长，这是我没想到的。学校领导班子由四人组成，杨新生任党委书记，张正元任党委副书记，杜宜瑾任校长，我任副校长。此后，大家努力工作，教学秩序逐步恢复，学校稳定。

采访者：1970年，合肥师院成建制迁入安徽工农大学，请您谈谈让您印象深刻的人和事。

任兴田：1970年，合肥师院4个系科迁来芜湖，并入安徽工农大学。学校规模大了，人数多了，但学校的校舍没有增加，学校的房屋资源非常紧张，但我们相信这只是暂时的，大家挤一挤克服一下，困难就会解决。在最困难的时候，学校老领导决定，就在我们现在的综合楼前面那片树林里盖个草棚，用毛竹做支架，并铺上草。学校党委和机关部门在那里工作了两年多。后来，因为房顶的草烂了漏雨，老领导就打着伞在里面办公，那是很艰苦的。我对老领导的印象比较好，沙流辉、张俊杰、杨志、许用思、吕敬芳、陈政、杜效忠等兢兢业业、作风端正、平易近人、关心爱护下级，他们还常常深入课堂听课。我受他们影响很大，和他们共事，我很顺心。

采访者：您还有哪些印象深刻的经历呢？

任兴田：我们党对干部的考核是全面的，干部的调整、任职，要从多方面考虑。不论在哪个岗位都要尽职尽责，把自己的本职工作做好，这是我工作多年最大的启示。无论是做组织工作，还是做人事工作，甚至是后勤工作，都要认认真真做人，踏踏实实做事。退休以后，很多老师遇到我时，都会很亲切地感谢我当年及时地帮他们解决了困难补助问题、住房问题等。我办事的原则是能办的就快办，可办可不办的只要不违背党的政策原则都办。所以我的群众关系尚好。

我自己总结，能被任命为副校长，既是我的幸运，也是我人品的一个积累。我知道自己的能力不是太强，文才和口才都一般，但是我本分做人、努力做事，对做好本职工作还是比较有信心的。所以我在退休之后，得到了大家的认可，这让我感到十分欣慰。学校退教协改选时，我依然被选为学校退教协理事长，退而不休，继续为离退休教职工服务。团结退教协干部，密切与离退休管理部门配合，克服困难，创造条件开展活动，给大家带来快乐，同时自己也收获了快乐，提高了晚年生活质量。

参加工作以后给我影响最大的，一个是1958年"大跃进"，另一个是"文革"。1958年，学校里建了很多小高炉，我们要参加大炼钢铁，我们化学系到炼焦厂搞煤焦油分解，我负责稀有金属的提炼。当时我们印象最深的就是生物系负责的试验田，就现在的学生宿舍六号楼、七号楼和八号楼前面，学生活动中心那个地方，原来是一个高台子地，生物系就把那一块地深挖八尺，然后填进肥料种小麦，口号叫"年产八万斤"。大炼钢铁时，每个系都有小高炉，化学系主要是炼焦，还有学生从中提取出了多种化工产品。

采访者：您在伙食科也工作过，对吗？当时都是凭票采购食材，那学生在食堂也是凭票吃饭吗？

任兴田：我调到伙食科，先是加强管理，解决学生买饭时间长、秩序乱的问题。学校对学生伙食管理抓得很紧，不允许赚学生的钱，整个收支范围只能在百分之一二上下浮动，也就是赚钱不能超过百分之二，亏损也不能超过百分之二，要保证学生够吃，并且吃好。我在那里工作两个月后，被正式调到学生食堂伙食小组（科）任副组长（副科长），组长（科长）是刘滋铎。我从早到晚待在伙食科，一心一意抓学生伙食工作，一直在那里干了三年。我以身作则，制定制度，跟着两个师傅一起卖饭、打饭，在现场服务、监督，从早到晚一直在食堂里。因为怕在食堂吃饭影响不好，有多占之嫌，于是我规定我们这些外来干部不允许在食堂吃饭，不允许在食堂里买任何东西。我们对自己的要求还是很严格的。在伙食科工作三年以来，我是很尽心敬业的，可能因为我的这些表现，被领导看在眼里，于是我被调回到人事科任科长，两年后又调到组织部任副部长。

当时学生在食堂也要凭饭票吃饭的。向社会买副食是需要计划的，即省里根据学校的招生数量，计划每天购买的数量。学校的票由市里统一控制机构集体供应，按照学校的人数发放，我们每个职工每人一张豆制品票，这一张票可以买十块豆腐干子，给学生的票也是这样的，市里统一控制机构按照学校的人数计算每天供给豆腐干子的数量，当时就是这样有计划性地供给。我们要求职工对学生的态度要热情，不能和学生吵架，有问题要耐心解释，同时还要关心工人师傅，帮助他们解决难题。当时我看到火炉旁边温度高，周围也没有庇荫的地方，师傅工作条件艰苦，加之学校后勤维修任务多，无法抽身，我就自己想办法，亲自动手在火炉旁给他们搭了个棚子供他们休息、乘凉，工人师傅很感动。我没有多大的能力，但这就是一种朴素感情的自然流露。

采访者：师大校训是"厚德、重教、博学、笃行"，您认为哪个更重要？

任兴田：关于校训中的四项哪个更重要，我认为应该是厚德，因为有了"德"，才有后面几项内容，才能够重教，才能很好地去学习，才会有进步。校党委强调的是思想政治工作，学校是教育单位，是培养高素质人才的地方。常说百年树人，人才培养不是一朝一夕就能完成的，而是一贯的思想品德的积累。勤俭节约、艰苦朴素、乐于助人是良好的品德，也要注意培养才能养成。我过去过的是穷困日子，又经过三年困难时期，所以非常珍惜粮食，痛恨浪费行为，我非常赞成现在国家提倡的光盘行动，即使现在生活富裕了，我也还是十分注意节约，从不浪费的。

采访者：大炼钢铁是学生和老师一起参加吗？那个时候吃饭也是大锅饭吗？

任兴田：那是全国性的"大跃进"，全民大炼钢铁，学校也不例外，学生和老师都参加，学校处于停课状态，教师不上课，学生不学习。那个时候，学生吃的是大锅饭，无需饭票，吃饭时间也不受限制，每到晚上11点还有一顿夜餐，夜餐供应有小笼包、蒸菜饺等。1959年下半年到1961年底，这三年是最困难的时期，农村更困难。这些都是过去的事情了，平时我们一般不会提起这些。

采访者：1972年，我们学校正式改名为安徽师大，当时您在从事什么工作？关于改校名，您有什么感触吗？

任兴田：1972年我在学校政工组工作。改校名，我认为是名正言顺的，因为原来叫安徽师院，后来先后改成皖南大学和安徽工农大学，学校还是师范性质的，与合肥师院合并后，文理兼容改名安徽师大，这很好。师范院校是为培养教师服务的，80%以上的学生毕业后都当老师，所以1972年改名为安徽师大是理所当然的。

采访者：您在1983年当了副校长，也长期从事党政管理工作，在此期间您对教育事业有哪些方面的经验？

任兴田：经验谈不上，我就讲些我们的工作教训吧。一是当时学校经费紧张，学校环境治理难以跟上；二是房屋分配难，职工住房紧；三是人员调配也不够顺畅；四是职称评定标准变化多。

采访者：您对我们学校青年教师和学生有什么建议？

任兴田：对于安徽师大青年教师，我有四点建议与其共勉。一要尊重领导，尊重师长和同事，尊重自己；二要有爱心，爱自己的学校，爱自己的专业，爱自己的学生；三要养成良好的生活习惯，合理支配时间，劳逸结合，适当参加体育锻炼，健康的体魄利于学习进步；四要尊重学生，保护学生的自尊心，要鼓励学生参加各种社团活动和社会实践，鼓励学生考研究生，不要贪玩。

对于安徽师大学生，我一直希望他们好好学习，用心读书，珍惜大学的学习机会，不能浪费时间；要有明确的学习目标，在大学要充分利用图书馆的图书资源，广泛积累知识。

采访者：您对安徽师大未来的发展有什么期望和建议？

任兴田：安徽师大发展到今天，我很满意，在这里生活，在这里养老，我感到幸福。国家重视发展教育，经费投入足了，新建的校舍很美，教学设备较先进，教学手段现代化，教学质量有很大提升，引进的人才多，师资强，学校科研成果数量多，科研水平高，已跃居同类高校的前列，我很欣慰。希望学校认真贯彻党对高校的领导，从严治党，加强党组织建设，落实党的政策，充分调动教师的积极性、创造性，团结全校教职员工管好学校，用好各种设备，保护和建设好校园环境，向"双一流"大学目标迈进。

舒华山先生访谈录

采访时间：2017年9月23日

采访地点：舒华山先生寓所

受 访 人：舒华山

采访人：刘飞洋　王谢婷　胡琼月

整 理 人：胡正毅

舒华山，男，1936年7月生，安徽歙县人，中共党员，正处级干部，副研究员。1958年至1960年在合肥师院、皖南大学数学系学习，毕业后留校，先后任皖南大学及安徽师大物理系党总支秘书，外语系党总支秘书、师资科长、高师师资培训中心常务副主任。迄今发表论文多篇。

采访者： 老师您好！首先请您介绍一下自己的求学经历。

舒华山： 我是1958年从徽州师范学校保送到合肥师院的，当时安徽师院是全省唯一一所高校，改了几次校名，先后叫皖南大学、安徽工农大学和安徽师大。合肥师院是1958年建立的，我们就是那一年保送到合肥师院的。文理分院后，文科留在合肥师院，理科并到安徽师院，所以我们就跟着迁到芜湖来了，安徽师院就是现在的安徽师大的前身，也是当时全省唯一一所老牌大学。我们在合肥师院学了一年，在安徽师院学了一年。

1959年，我们还是快要毕业的学生，学校召开群英会议表彰先进工作者、优秀教师、优秀学生和优秀团体、先进单位，我作为优秀学生参加会议，因为时间久远，所以印象不是很深刻。皖南大学成立于1960年5月，这年暑假我们毕业了，因为我加入中国共产党的时间比较早，是老党员了，所以毕业之后就留校任政工干部。

采访者： 您当时为什么会选择留校工作呢？那时学校的情况是什么样的呢？

舒华山： 那时的口号是服从组织分配！即由组织统一分配工作，组织分到哪里我们就到哪里。我在合肥师院学习时，担任学生会副主席，到皖南大学做的是党支部工作。

刚留校的时候正好赶上三年困难时期，学校也十分困难，每人每月只发二十几斤粮食，教师和学生都吃不饱。教师工资也比较低，每个月三四十元，一二十年都是这样，后来每个月才拿到四十多元。那时候我们带学生去农场，就是想收获一些粮食，改善一下生活。那时候的人们比较单纯，不论是老师还是学生，对待工作和学习都非常认真艰苦，该劳动的时候就劳动，该上课的时候就上课。

采访者："五反"和"四清"运动运动就发生在那个时期，当时我校"五反"和"四清"运动的一些情况能说说吗？

舒华山："五反"运动是在很早之前进行的，到我们那时候已经没有什么了。1964年，我校政工干部都参加了"四清"运动，我们的任务是带学生在财务处查账，还稽查学校的物资部、后勤部等，这就是我参加的学校"四清"运动的大概情况。

三年困难时期之后，学校各方面发展都走上正轨。那时候干部认真管理，教师积极从事教研活动。"文革"前我校培养的学生质量非常高，本科生的实力是过硬的，他们毕业后大多成了全省教学、生产或行政工作骨干。

"文革"把一切都打乱了，学校由工宣队、军宣队管理，他们带领一些教师、干部和和最后一批没有毕业的学生去农村。我们第一年是在泾县黄田，地处皖南山区的泾县是一个山清水秀的好地方。我们第二年又到芜湖县的湾沚，在那待了一年。因为我以前是老师，跟学生关系好，农村的文艺活动又比较少，根据需要与学校安排，我带领学生在农村成立了文艺宣传队，活跃于乡村，开展文艺宣传活动。后来的一年时间里，我们也把主要精力放在此类活动的组织上，并且取得不错的成绩。农村待了两年之后，我们才回学校正式上课。"文革"期间，学校的许多资料被毁，这给学校的档案管理造成很大的损失。

1976年"文革"结束后，学校恢复招生，我的主要任务还是带学生。安徽省教育厅办了高中教师培训班，我带了一期学生，用了大半年时间。我在外语系担任政治辅导员，带了四届工农兵学员，直到20世纪70年代后期。那时候的工农兵学员要学工、学农、学军，我们经常带他们到工厂、农村和部队去锻炼。学校还有两个农场，我们经常带他们去那里劳动，这些工农兵学员文化课学的时间不长，但他们的优点突出，即实践能力和社会活动能力很强。

采访者：您觉得我们学校是怎样的一所大学？

舒华山：我们学校是一所老牌大学，总体来说，各方面都比较好，比如在学校管理、教师队伍建设、学生培养等方面都有丰富的经验，所以我们学校培养出来的学生素质很好，毕业后就业于各个中学、大学，现在大多是教学骨干，已担任省、市领导干部的毕业生也有很多。学校的学风比较好，值得一提的是，虽然工农兵学员的文化水平参差不齐，但是他们都很认真，能力也很强。

采访者： 您觉得安徽师大的教学条件和生活条件较之当年有什么变化，例如老师的工资水平在当时处于一个什么样的标准？

舒华山： 当时教师的工资比较低，其间有一二十年工资都没有变化，因为工资低，生活就比较艰苦，学校的教师和学生都比较朴素。我一共带了四届工农兵学员。学校对于学生管理比较严格，学生白天上课，晚上在教室进行两个小时的自习，学生不允许谈恋爱、不允许随便乱跑。20世纪80年代，国家越来越重视教育，教师的工资翻了一番，教师待遇逐步改善，到我退休时已经是每个月900元，现在我每个月的退休金已接近6000元。这几年我们的退休金年年都在增加，以前跟现在是不能比的。

那时学校的教工宿舍比较简陋，面积也小。学生宿舍管理还是比较规范的，赭山校区的学生宿舍一般是八人住一间，后来渐渐减少到六人住一间、四人住一间，学生的住宿条件也在慢慢改善。学生食堂有好几个，学生的生活水平还可以，学校的后勤管理还是比较规范、严格的。

采访者： 您曾经担任过高校师资培训中心的常务副主任，在您看来作为一名教师，最重要的是什么呢？

舒华山： 我在外语系当了四年的政治辅导员，后来就到学校机关部处来了，我做的第一件事就是筹建师资科，以加强师资队伍建设。我担任第一任师资科科长，重抓教师的工作，那时我们制定了几项制度：一是教师工作量制度，二是教学质量优秀奖评审办法，三是教师职称评选制度。全校有900多位教师，我们不仅要将每位教师的工作量（包括课时量、批改的作业量、辅导的学生数等）都记录在案，还要做好超过工作量的教师的奖励工作。至于教学质量优秀奖的评审，我们的做法主要是，通过学生评估、领导评估和教研室的教师评估后，给评估结果排名居前的教师颁发优秀奖。这些奖项的设置在一定程度上调动了教师的积极性。《光明日报》曾就此事采访了我们，并专题报道了安徽师大的师资队伍建设情况。在这之后，我们又开展了一两年的教师职称制度建设工作。

后来，国家规划构建教师网络培训体系，建立国家、大区、省（区、市）三级教师培训网络，主要职能是开展教师的培养、培训工作。国家级培训中心设在北京师范大学，华东地区的培训中心设在华东师范大学，安徽省的培训中心设在安徽师大。我省教师培训中心的工作是分层次展开的，对于刚毕业的本科生从事大学教师的进行岗位培训，培训课程包括教育学、大学生心理学、大学教育法、师德教育等。对于具有本科学历、没有达到研究生水平的大学教师，依据我们在全省建的各个培训点进行硕士研究生主要课程学习培训。以前在高校执教的教师大多是本科毕业生，所以他们要学习硕士研究生的主要课程，通过八门考试后才可以当助教、讲师，而副教授及以上职称的老师则被送往全国各个大学去进修、交流。这个培训连续举办了几年，每年由全省师资培训会议来规划，主要内容包括培训人数的确定、培训方案的制定以及岗前培训、硕士研究生培训、教师派出交流办法的制定等。当时我筹办了首个师资库，并负责学校职称改革办公室的业务。高校师资培训中心隶属安徽省教委（教育厅），主要负责全省高校教师的培训。我从事这个工作有很多年，直到1997年退休。

我认为高校始终要抓住教师队伍建设不放，这对每所高校来说都是很重要的。对于教师，学校要加强师德师风培养，同时也要教育、引导、激励他们全心全意工作，关心、热爱学生。

采访者：学校虽然几易校名，您觉得学校始终不变的学风、教风是什么？

舒华山：1928年，安徽师大就已经在安庆建立，那个时候叫省立安徽大学，后来改名为国立安徽大学，再后来几经周转，学校经历了安徽大学、安徽师院、皖南大学、安徽工农大学等办学阶段。我们学校是个老牌学校，在学风、教风和管理上都有很多闪光点。

在我们那个时候，学生都是很爱学习的。比如工农兵学员在当时的表现都不错，他们爱学习，积极要求上进，各方面能力都很强。20世纪80年代，我到学校机关部处从事行政工作之后，对学生学习情况的了解就不是很多了。我们学校的硬件设施和软件设施是逐步改善的，当年安徽师大的建筑比较少，设备也比较简陋，到了建校70周年的时候，学校对校园进行了大规模的整饰，再后来，我们又建立了花津校区等，现在样样俱全。

学校的教风、学风还是比较好的，对教师的工作量、辅导学生的数量有具体的要求，教师的教学态度还是比较认真的。师大的学风是最好的，学生刻苦学习，毕业后被分配到各个岗位，后来大多成了行业骨干。

退休20多年了，我对学校管理方面的具体细节也都记不清了，但对当年学校建立的一套制度仍然记忆犹新。那时学校对教师的工作量、教学质量等有明确要求，还通过学生评估、教研室评审等方法对教师进行考核。学校对学生管理比较严格，重视推行考勤制度，一方面要求不能缺课，无故不得请假，另一方面，学生晚上要在教室上两个小时的自习课，而辅导员则要时刻注意学生动向，了解学生情况。现在时代变了，学生人数也多了，各方面的管理办法也随之发生变化，这和以前也就没有可比性了。

那个时候学校有个大农场，每隔一段时间学校会组织学生到农场去劳动，学生一边劳动一边上课。学生每年也去工厂和工人一起劳动，有时还会去部队锻炼一两个月。那时候学生活动比较多，实践经验比较丰富。

学校组织专门机构负责退休教师福利以及逢年过节慰问费发放。另外，学校还组织各种活动，如每逢重阳节，都组织登山活动；给80岁的退休教师祝寿，请他们吃长寿面。学校对退休教师还是很关心的。

学校现在引进的人才学历都比较高，刚入校的青年教师都要进行岗位培训。由于学校办学质量的高低由教师队伍的好坏决定，学校对教师的要求，特别是师德要求必须很严格才行。教师要有职业道德，要做好教学和科研工作。学校要把师德表现作为教师聘用的首要条件。同时，学校也要加强对教师的考核，即分年度对教师的工作以及教学、科研情况进行考核。学校领导应该把主要精力放在教师队伍的建设上，这样才能培养出好学生，学校才能办好；如果教师队伍建设不好，那就会影响学校的发展、学生的成长。

采访者：您对我们学校的青年教师和学生有什么期望和建议吗？

舒华山：我已退休20多年，对这些年的情况都不太了解了。在我退休前，学校对师资队伍的建设还是比较重视的，我是1997年元月份退休的。学校扩招，学生规模扩大，教师招聘这些具体情况我都不太了解。这一点可能不重要，重要的是我们学校应该更好地抓好教学工作、建设好教师队伍、提高学生学习质量以及培养良好的学风。学校工作的核心是提高教育教学质量，提高教育教学质量的关键是提升教师素质，而提升教师素质的关键在于做好教学工作的同时，也要提高自己的科研水平。我认为教师应该全心全意投入到教学工作中去。另外，学校应该建立一套奖励机制，以调动教师工作的积极性和学生学习的主动性。

唐成伦先生访谈录

采访时间： 2017年7月3日

采访地点： 唐成伦先生寓所

受 访 人： 唐成伦

采 访 人： 胡正毅

整 理 人： 胡琼月　恽　智

　　　　　　卜　钰

唐成伦，男，1936年10月生，安徽砀山人，中共党员。1961年至1968年在皖南大学数学系，任政治辅导员、党支部书记、团总支副书记。1968年起历任安徽工农大学、安徽师大数学系政治辅导员、团总支副书记、教学秘书、办公室主任、校图书馆副馆长、党总支书记。发表的论文有《试论高校图书馆建筑》等。

采访者：您当时是怎么来到安徽师大的？能介绍一下当时学校的情况吗？

唐成伦：首先说明一下，你们这次活动非常有意义，趁假期寻找学校的发展历史，能够收集一些有价值的资料，这对师生有着非常重要的教育意义。

我是1958年考进这个学校的。那时候学校叫安徽师院，下设的文科系、理科系都比较齐全。我考取的是安徽师院数学系。1958年，安徽师院实行文理分院，文科迁往合肥，组建合肥师院，而理科就留在了安徽师院，安徽师院之后又改名为皖南大学，依旧只有理科没有文科。"文革"时学校改名为安徽工农大学。进入20世纪70年代以后，合肥师院中文、历史、地理、艺术系并入安徽工农大学，不久学校就改名为安徽师大，此时，学校的文科和理科又齐全了，因此安徽师大是综合性的师范大学。

本世纪初，开始建设花津校区，多数学院陆陆续续搬迁到花津校区，赭山校区保留了部分学院，所以学校的发展是非常迅速的。现在的学校规模和条件，和20世纪50年代相比，简直是天壤之别。那时，学校只有一栋教学楼，图书馆就在赭山顶上，算是一栋楼，整个学校就这两栋大楼，其他的就是学生宿舍、职工宿舍，学生住在大操场两边的称不上是楼房的地方。所以与过去相比，我们学校今天的发展是相当迅速的。20世纪50年代，我在数学系学习，毕业后留校一直工作到1986年，1986年我被调到图书馆，工作了十年，1996年退休。

学校图书馆的发展也是非常迅速的。20世纪70年代，就是现在的生命科学学院附近，盖了一栋图书馆，后来又在附近盖了九层楼的图书馆，现在花津校区的敬文图书馆有38700平方米，敬文图书馆还是很大的。图书馆的发展是随着教育事业的发展而发展的，高校没有图书馆怎么行呢？在我的印象中，大学教务处、总务处和图书馆非常重要，他们的建设反映了我们教育事业发展的步伐。学校和图书馆的迅速发展是给我留下印象最深刻的事情。

采访者：在图书馆工作了这么多年，您有什么宝贵的经验呢？对图书馆的发展，您有什么期望吗？

唐成伦：我觉得图书馆工作的核心是：以读者为中心，为读者服务。不论是赭山校区还是花津校区的图书馆都要坚持这个核心。图书流量也好，图书材质也好，服务工作也好，只要牢牢把握"以人为本"这个核心，就能很好地开展图书馆的工作。

采访者：您刚在安徽师大工作时是担任辅导员的，能谈一下当时学生的一些情况吗？

唐成伦：我在数学系担任了三届辅导员，我对这段经历的体会非常深刻。政治辅导员的重要工作是抓住学生的品质教育或者叫品德教育。读书是为了什么？不就是为了将来能够有一技之长，能够找到好工作并能立足社会，要为人民办实事嘛。因此，学生品德要端正、思想要端正。辅导员始终要围绕这个中心来开展工作，这是我担任辅导员期间体会比较深刻的一点。再者，辅导员要关注工作中的细节，要切实深入到学生中去，时刻注意学生的学习和生活状况。课堂、宿舍、食堂等都可以是辅导员开展学生工作的场所。学生的思想教育是长久之事，不可一蹴而就，任何工作都要做到位。三届近千学生，现在我的学生就算不是遍天下，也是全国到处有。

采访者：在您担任辅导员期间，一定有让您印象深刻的学生，能用一两件事反映他（她）的特点吗？

唐成伦：我的学生都很优秀，他们大多是我的得意门生，如当时第一届（66届）的学生叶原荣，四年的表现都很好，并且在大学期间发展成为中国共产党党员，毕业后在天津一所中学当教师，后来担任天津市政协副主席，现在他也退休几年了。这个学生的经历就充分体现了在大学期间培养学生品德教育的重要性，尽管他离校多年，但还是经常打电话来慰问我。师生之间的感情是一辈子的事，所以我对教育事业还是比较热爱的。我觉得教师是值得尊重的神圣的职业，当年我志愿报考师范专业就是这个原因。

采访者：那时学生的学习是什么样的情况呢？

唐成伦：学校对学生的学习抓得很紧，学生除了上课，就是自习，要在教室里学习或者图书馆学习。不提倡在宿舍学习，毕竟宿舍是一个生活场所，并不适合学习，也没有学习的气氛。我当辅导员时会到教室检查学生上自习的情况，有时也到图书馆里面看一看。所以能不能深入学生当中，不仅仅是上几节课的问题，和学生一起活动的机会和时间很多，要把这两者很好地结合起来。

采访者：那个时候的课程是怎样安排的？一天有多少节课？平时课多不多？

唐成伦：那个时候的课程比较多，除了专业课，还有辅导课。比如，某专业的主要课程上完之后，还安排一到两次的辅导课，就是老师以辅导为主，而不是以讲为主。20世纪五六十年代，学校对专业课教学是相当重视的，同时也会布置课后作业。

采访者：我们学校在教学方面经历了哪些变化？当时学校图书馆的工作是什么样子的？

唐成伦：我对学校变化的情况了解得不太多，因为后来我在图书馆工作，对学校的教学情况缺少一定的了解。我觉得无论是理科还是文科都得和实践活动相结合，要将理论运用于实践，所以实践活动对学生成长是很重要的。过去每一年都会安排学生到农村去一次，进行有关的专业实践，我觉得这种活动还是蛮好的。

我是1986年到图书馆工作的，从我到图书馆工作以后的情况来看，因为教育事业的发展，图书经费也相应地提高了不少，这就给图书馆的发展提供了条件。图书馆没有图书，怎么行呢？图书量的增加离不开教学的实际需要，不能没有计划地随意乱采购，要根据各个学科、专业发展的实际需要，采购教学用的参考资料等。所以我觉得图书馆那几年发展得也还可以，能够基本上满足师生的需要，不存在找不到图书或者图书馆没地方看书的情况。总体上来说图书馆条件改善了不少。

采访者：能谈一下您在学校工作这么多年以来工资水平的变化情况吗？

唐成伦：我们工资水平的增长似乎还慢了一点。国家的教育事业相当重要，没有教育事业想搞现代化建设是空谈，国家没有教育的发展是不行的，所以我认为教师的待遇还要提高一些。

现在工资的发放比较方便，都是通过银行直接打到卡里。学校对退休教职工还是很关心的，逢年过节也不忘发福利。总之，学校没忘记退休教职工，我觉得这点值得表扬。如果有条件的话，希望退休待遇可以再提高一点，现在物价上涨得厉害，学校要考虑这个因素。

采访者：您能谈一下"文革""大跃进"期间我们学校的一些情况吗？

唐成伦："文革"对学校造成了一定的影响，但在20世纪70年代末学校教学基本就走上正轨了，从形势的发展来看，学校恢复得也快，不是非常糟糕。

"大跃进"的时候，师范类院校的食堂是不收伙食费的。从实际情况来看，大学生没有明显的浪费行为，大家还是比较珍惜这些饭菜的，因为农村来的孩子比较多，他们懂得食物的珍贵，能吃的东西，没必要扔掉。所以从吃饭的情况来说，学生的表现还是比较好的。20世纪90年代以后，师范类院校才逐渐改为学生自己掏钱吃饭。

采访者：对于安徽师大图书馆的建设，您有什么看法？您认为安徽师大的图书馆怎么样？

唐成伦：我没有参与花津校区图书馆的建设，学校负责找人设计的，所以你说的敬文图书馆，我就不是很熟悉这方面的情况，尽管它是1996年开始投入使用的，而我刚好在1996年退休了。赭山校区的图书馆是我参与设计的，比较了解。

在建赭山校区的图书馆之前，我们考察调研了全国好几所大学的图书馆，看看其他学校的图书馆是什么样子，找到图书馆建设的基本条件。回来以后大家展开讨论，提出设计方案，请来设计院的专家提出意见，这个工作我们做得比较充分，从赭山校区图书馆的使用情况来看，我们的设计方案还是不错的。阅览室和藏书室的位置都便于老师和学生找寻，体现了为读者服务的思想。由于受面积限制，图书馆规模不能扩大，所以只能把图书馆建成九层高楼，其实总面积只有9500平方米，图书馆太高也有不方便之处，所以花津校区的敬文图书馆就建了七层。要做到为读者服务，不论是藏书、借书，还是读者进出图书馆都应该让其感到方便。

采访者：您在图书馆工作的时候，图书馆是怎么采购图书的？

唐成伦：采购图书不是由图书馆单方决定的。每次新华书店和出版社发来的图书采购信息都要征求各院系的意见，由他们提供意见上报图书馆，再由图书馆汇总，并且按照经费的多少来确定图书的采购量。图书馆采购的书目要能满足师生的需求，才能更好地为师生服务。

采访者：对我们学校的图书馆、学生或者其他工作，您有什么期望和建议？

唐成伦：当时教学条件比较差，不如现在，学生的活动场所也非常少，只有一个大操场和一个篮球场，学校的基础设施都比较少，是没有办法跟现在比的。所以现在的同学们应该加倍珍惜大学时光！

当时全省高校图书馆开展评比活动时，我参观过其他学校的图书馆，整个安徽省高校图书馆条件都不是很理想，而我们学校的条件算是比较好的，但仍然比不上现在的条件。

采访者：关于学校离退休教师的工作，您有什么看法？

唐成伦：我们学校每年都要召开一次离退休老教师座谈会，大家聚在一起叙旧、谈心共话未来。学校会给89岁以上的同事颁发荣誉证书，表示慰问关心，在这方面学校做得还是比较好的。另外，学校每年都把当年80岁的老人组织到一起吃长寿面，为他们集体祝寿，这些做法都是很不错的。

汪令词先生访谈录

采访时间：2017年7月3日

采访地点：汪令词先生寓所

受 访 人：汪令词

采 访 人：李海洋　韩白瑜

整 理 人：恽　智

汪令词，男，1929年生，安徽怀宁人，中共党员。1951年2月于盱眙参加工作。1953年8月至1955年8月在安徽师大前身安徽大学、安徽师院中文系学习。1955年8月起先后担任安徽师院、皖南大学人事科科员、科长，安徽师大外语系党总支书记等职。

采访者：您除了安徽师大前身安徽大学、安徽师院中文系的学习经历之外，还有其他的学习经历吗？

汪令词：我是调干的，就是原来在工作被调来学习，享受调干待遇的。当时高中毕业生很少，大学的生源不多，我原来在安庆高中读书，1949年，黄麓师范学校到安庆招生，我就报名转到了黄麓师范学校，黄麓师范学校毕业以后，我被分配到盱眙县。盱眙县当时属于安徽，现在属于江苏了。我在那里工作了两年多。1953年，我就被保送到这个学校来了，当时也参加了简单的考试，我读的是两年专科，1955年毕业后就留在学校做人事工作，一直工作到"文革"期间。"文革"以后，我在教务处待了一两年，后来就到外语系去了，一直待到退休。

采访者：您对安徽师大最初的印象是什么？您刚来到安徽师大的时候，安徽师大是怎样的状况？

汪令词：我刚来的时候，学校只有几间房子，很简陋的。当时学校的校名为安徽大学。我是安庆人，所以比较了解。当时安徽分成皖北行署和皖南行署两个部分，皖北有两个高等学校，一个叫东南医学院，就是现在的安徽医科大学，另一个是淮南煤业专科学校，就是合肥工业大学的前身。1949年下半年，长江发大水，国立安徽大学从安庆迁到芜湖与安徽学院合并，校名改为安徽大学。

1953年，我来学校的时候，校舍比较简陋，只有三栋大楼，还有几栋平房和芜湖沦陷后驻芜日军盖的二层楼房。那三栋大楼也是日本人盖的，供侵华日军宪兵队住的，现在已拆了两栋，还留了一栋。原来的建筑基本没有了，现在你们看到的这些都是后来盖的。你看我们那个西大门，西大门门口当时就是菜市场。因为当时处境非常艰难，学校来不及建设，从安庆搬来以后教师和学生只能在学校的平房里上课，行政办公室是1955年才盖的。情况大概就是这样的。

采访者：您曾经担任过外语系的党总支书记，那您在行政工作或者学生工作方面有哪些要跟大家分享的经验呢？

汪令词：我在这个学校工作了几十年，主要在两个部门，一个是在人事处工作了十几年，另一个是在外语系工作了十几年。在人事处工作时比较忙，晚上还要加班，在外语系工作时，情况就不一样了。在外语系，我们党总支主要做教职工的思想工作，保证行政任务和教学任务按时完成。说到经验，我想，第一个是领导班子团结很重要。如果班子不团结就很难把师生团结起来，各自为政是肯定不行的。第二个是做任何事都要有原则。另外，还要尊重老师，爱护老师。对教师存在的问题，也要实事求是地指出来，帮助其改正。任何人找我办事情，我都给他分析情况，能做到的、能办到的，我都会帮忙办理，对于不能办理的事情，我也会解释清楚。我就是这样的人，该怎么样就怎么样，实事求是。

采访者：您从事思想政治工作那么多年，请跟我们分享一下您在青年教师培养或学生工作方面的心得体会。

汪令词：我在外语系主要是抓教职工的思想工作，学生工作是由我们的一个副书记专门负责的，所以我对学生工作平时管得不多，考虑得也很少。学校的77级和78级学生毕业时不少人留在学校当教师，对于这些学生，我们都加以重用，还送他们走出校门去学习、深造。我们不仅注重培养青年教师，而且对那些要求调离学校的教师采取开放的态度，并不加以阻拦，人往高处走，水往低处流嘛，还有出国的，我们也同意，不阻拦他们。所以对于青年教师，我们一直是着力培养他们，不阻拦他们进步的。原来留校的毕业生很多，后来有很多人离开了学校，有的被调走了，有的出国了。

采访者：您来我们学校比较早，也经历过"文革"，您能介绍一下"文革"时期学校的一些情况吗？

汪令词：这个学校分分合合，1954年安徽大学就被取消了。1952年全国高校院系调整，安徽大学分为两个学院：师范学院和农学院。1954年两院分家，农学院搬到合肥，建立安徽农学院，师范学院留在芜湖，称为安徽师院。1958年，安徽师院文科和理科分家，文科搬到合肥，成立合肥师院，理科留在芜湖，仍叫安徽师院。在此期间，省委准备成立合肥大学，恰好毛主席在合肥视察，请他写校名。据说，毛主席当时讲，安徽没有安徽大学，就叫安徽大学，新的安徽大学就成立了。为了支持新校，我校物理系的部分师生被调到新建的安徽大学，本校只留了少数骨干教师重新建物理系。

后来，安徽师院改为皖南大学，恰巧当时刘少奇来校视察，请他题写了"皖南大学"校名。

1970年，北京高校外迁，为了腾出地方给中国科学技术大学，合肥师院部分系科并入位于芜湖的安徽工农大学，但是外语系给了安徽大学。"文革"期间皖南大学改称安徽工农大学，安徽工农大学后改为安徽师大。

"文革"时期，派别斗争激烈，全校停课了，大字报铺天盖地，内容五花八门，学校部分教师一度下放到泾县黄田，整天学习文件或上山砍柴。过了几个月，学校教师又搬到芜湖县湾沚，几个月后才重新回到学校，这时学校由工宣队、军宣队领导，但仍是继续政治学习。

采访者：您在安徽师大工作期间，有什么印象比较深的事情吗？

汪令词：我对50年代到"文革"前的时光还是比较怀念的。那时候人与人的关系很单纯，只谈工作不谈其他。我这里特别想说的是工农干部，他们文化水平不高但是思想政治觉悟很高，我一开始被分到人事处干部科。干部科的科长是新四军的老干部，他虽然认字不多，但是思想非常纯真。那个年代，他们始终坚持为人民服务，组织性和纪律性都很强，所以我特别怀念这些老干部。那时我们的处长、校长都是老干部，都一心一意地做好本职工作，这是我印象最深刻的。

采访者：您能讲讲那个时代您所经历的一些故事吗？

汪令词：那我来讲讲那个科长吧。有一次在学校召开的人事会议上讨论工资、提升、提级等事宜，他为了一位教师的提级事情，跟参会的校领导争吵了起来。虽然这种方式不恰当，但他也是据理力争地为教师服务。

采访者：在"文革"结束之后，我们学校是怎样恢复到正常状态呢？

汪令词：因为学校还是原来的领导班子，所以很快就走上正轨，恢复正常了。学校开始正常招生，恢复课堂教学，一切顺其自然。

采访者：咱们学校建校马上90周年了，您个人觉得安徽师大一直坚持的精神是什么？

汪令词：这个方面还没有考虑过。不过学校坚持抓教学，发扬办学传统应该是学校精神的外在表现。我们学校的中心任务就是培养人才，而培养人才的关键是提升教学质量，所以学校一直严抓教学质量。我在教务处待过一段时间，也经常深入课堂听课，由此可以看出，学校抓质量上的措施切实有效。

采访者：您对安徽师大未来的发展有什么期望和建议呢？

汪令词：我是这样考虑的，师大的学科基础是比较好的，还是有希望建立一些一流的学科。安徽师大的中文、历史、生物等几个老学科的基础比较好，应该培养一些独特的重点学科。培养重点学科的关键是老师，要留住人才。我们学校不是一部分老师调走了吗？老师要调走，你不能不让他调走啊。

那时候我们人事处下面有三个科：干部科、保卫科和学生科，一个科里两三个人。我在干部科，干部科只有两个人，一个管人事档案，另一个做人事管理。现在三个科变成三个处了，干部科变成人事处了，学生科叫学生处，保卫科叫保卫处，处再分不同的科。科室多了，要避免人浮于事、办事互相推诿和扯皮的现象。我来到这个学校已经60多年了，看它一步一步地成长，经过几代人的努力发展成现在这样的规模，也是不容易的，但是我觉得我们学校应该更上一层楼，应该比现在的状况还要好一些，要提高我校在全国高校排名榜上的名次。总的来说，我们学校的基础还是可以的，应该特色办学，办得比现在更好，有些老学科还是不错的，要重点建设。

采访者：那您觉得我们哪些学科还要更进一步，更上一层楼呢？

汪令词：这个我就不太清楚了，老教授已经有好多不在人世了，原来的校长你们历史系的张海鹏就不在人世了。具体哪些学科，我很长时间不接触，不记得了。外国语学院的力冈，他的翻译能力在全国也是拔尖的，他也去世了。当然，现在学校人才济济，学校的发展前景还是很好的。

我当然是希望我们学校在全国成为一流的高校。学校要有特色学科，才会提高知名度，比如历史系做的徽商研究，后来就成了特色学科。我觉得我们学校缺少特色，所以要加强特色学科建设。

吴怡兴先生访谈录

采访时间：2017年6月30日

采访地点：赭山校区田家炳楼

受 访 人：吴怡兴

采 访 人：胡正毅

整 理 人：王谢婷

吴怡兴，男，1935年12月生，安徽休宁人，中共党员，高级会计师。1956年至1960年在安徽师院、皖南大学数学系学习，毕业后留校任教，历任财务处会计、副科长、科长、副处长、处长。合编著作多部，发表论文多篇。

采访者：老师您好！您1956年就读于安徽师大即当时的安徽师院数学系，能介绍一下您是怎样来到安徽师大的？当时学校的情况是怎样的？

吴怡兴：那一年是我们国家1949年以后第一次教育大发展的时期，我们师范生原本是不给考大学当教师的，谁知赶上了那年的教育大发展，师范生就参加了高考。我在1956年加入中国共产党，当时校长号召，我们要为我省的教育事业做贡献，我就这样考进来了。当时家里也没人送，一个小扁担挑着行李就来了。到这来的时候，学校教学大楼刚建好，正在建生化大楼。我们就在教学大楼里开始了大学生活，当时没有物理楼、科技楼，这些楼都是后来建的。学校当时的学生人数不多，后来发展得不错，初具规模，结构也比较合理，招的学生特别多。数学系就有八个班，考入的师范生和选送的小学教师排在一个班，还有一个班是调干生，当时就是这种情况。

采访者：我们想了解当时数学系的学生在学校的学习情况和考研情况，您能谈谈吗？

吴怡兴：当时没有考研究生这一种情况，"文革"以前还招过研究生。"大跃进"期间处处在炼钢，人人都劳动，学校自然也不例外。有一天，我们都在劳动的时候，年轻教师都被叫到系办公室，参加考试，因为没准备应考，考试后大家成绩都很不理想，都没有被选上去继续深造，因为那几年学习抓得不紧。

当时那个年代，人才奇缺，各行业都在抢人才、抢毕业生。我校毕业生党员表现得都很好，学校怕大家被抢走，于是把我们送出去做其他事，结果我们的学习被耽误了，"三基"都没有学完。我除了数学其他知识都没有学透。那个时候最大的困难是外语学习，在中学时学英语，到了大学以后学俄语，"大跃进"时期，大家天天劳动，没有时间复习，考试也考得不好。后来学校选择一位女同志到复旦大学去进修，读了研究生，她就是李小媚。她现在是军队里面的高级将军吧，也退休了，她从事银河计算机研制工作，今年也70多岁了，中央电视台《东方之子》栏目报道过她。所以当时学校没有考研究生这个事情，都是送出去培养的，数学系的王慕山教授、周纪安教授都是那时候选送的，没有自己参加考试。

采访者："文革"时期学校的财务工作情况怎样？有没有什么规定？"文革"之后呢，安徽师大又是怎么恢复财务工作的？

吴怡兴："文革"期间，学校的财务工作是勉强支撑着的，因为我们知道这个工作是不能中断的。当时学校一度混乱，大家无法上班，为了财务安全，根据学校安排，我把银行支票、印鉴放在荷包里，离开了芜湖。我坐火车到南京，从南京到杭州，从杭州转回老家去了。半个月之后，到发工资的时候，我再赶回来，当时幸亏印鉴带走了，不然后果很严重。后来才得知，银行里的人经过市里的批准才动用了两千块钱，学校其他的钱都没有动过。

"文革"结束以后，学校的经济状况相对好一点，但经费还是比较紧张。之后到了20世纪80年代，管理体制慢慢改变，学校开始有代培生班、汉语班，学校慢慢有了收入，当时叫预算外收入，学校办班的收入归学校管理，学校就从完全事业单位体制转变为"准产业体制"。但是这个时候学校财政还是拮据的，很多实验室的经费被压缩。当时化学、物理、生物等专业购买的药品要审批，购买设备更要审批。学校所有工作都是在这样困难的财政情况下完成的，到了20世纪90年代，学校的财政状况有所好转，而且是逐步好转的。

那时正值经济转型期，很多大学财政拮据，这是普遍现象。我们学校一年的经费有六七百万，工资要占到三四百万，剩下的钱呢，那时是"吃饭的财政"，仅仅能够维持学校最基本的运转。所以当时学校的财务管理是非常严格的，任何一项财务支出多了，都会打破财务收支平衡，要保证经费最合理的投入。我记得有一次学校食堂的锅炉坏了，不能烧饭，校园广播通知学生上街买饭吃。当时分管副校长跑来找我，我们和会计立即到食堂，了解到坏了的锅炉修了之后还能使用，便放下心来，谁知第二天又出问题了，后来我们作了进一步了解，终于把问题解决了。这件事情让大家清楚地知道，做好学校所有经费的安排，前期了解是很重要的。

采访者：您刚才提到把印鉴放在口袋里，怎么回事？

吴怡兴：那个印鉴，是开支票需要的，开一张支票需要盖三到四个印鉴。我校那时候共有四个印鉴，一个校长印鉴，一个学校财务科印鉴，一个财务科长印鉴，一个会计印鉴，四个印鉴都盖齐了银行才给钱，银行工作人员见不到这四个印鉴是不给钱的。

采访者：那个时期老师的工资水平是什么样的情况？

吴怡兴：教师的工资收入十几年都没变过，从每个月40多元到第二年转正的每个月50多元，之后持续了十几年，一直没有变化，所以当时教师的工资水平是非常低的。这种状况一直持续到1976年，从这一年开始，教职工的工资收入在逐渐增加。

采访者：谈谈您在学校工作期间印象最深刻的事，好吗？

吴怡兴：印象深刻的事太多了，其中一个就是学校财务管理概念的改变。我在济南开会的时候，当时南京师范大学的副校长要调我去他们财务处当科长，我回来向我们学校的校长汇报，校长说我这样的管理人才很难找到，后来考虑到学校需要，我决定不走了。在学校的一次扩大会议上，校长建议让我把财政经费分给各个系，由他们自己列支，然而我没有赞同这种提法。还有一次，因为我没有审核批准一个办事员的财务报表，办事员一气之下扔掉批条，校长一开始不理解我的做法，后来，我把财务报表送给他看，让他了解财务状况，了解各种财物报表的差异以及财务管理、专人管理情况，最终校长认可了我的做法。一所大学没有严格的财务管理制度是不行的，所以要加强财务管理。我就是这样，对财务的管理比较严格，也比较科学，这种做法在当时全省甚至全国的师范类院校都值得称道，当时很多学校、部门领导都来问我经验。

采访者：您还有哪些印象深刻的事？

吴怡兴：还有很多让我印象深刻的事，学校发生过很多有意义的事，也发生过许多决策跟环境不对称的事。比如校办工厂，办工厂需要投入大量的财力，说实话，校办工厂是有点不对路，所以这个事后来没有办好。当时工厂要贷款50万办个娱乐场，让我们担保，我们坚决不同意。当时工厂看起来效益很好，提交的也是盈利报告，我找到校长，告诉他这个报告是有问题的，从会计学的角度看，它存在原则性错误，明明是亏损的却显示盈利。校长知情后当即表示，以后这类报告要经过我看过之后再上会讨论。

采访者：您对我们学校财务工作的看法以及您做财务工作这么多年的宝贵经验，能说说吗？

吴怡兴：我对学校财务管理有几个想法。我们的工作理论是科学的，有理论根据的，而且我们的理论研究水平一直是处于省内高校前列的。当时我们学校的会计流程可以说是最完善的，曾推广到了外省，南京师范大学当时的会计流程就是参照我校的会计流程编制的。我们在财务工作中严字当头，常抓不懈，防止贪污、防止腐败。

采访者：在安徽师大工作多年，您认为安徽师大这些年来一直不变的精神是什么？

吴怡兴：我觉得安徽师大一直不变的是学校教师认认真真、踏踏实实工作的精神，保持积极的工作态度，所以我们学校在教育教学各方面是比较好的。无论是年轻教师，还是老教师，都是非常不错的。过去教师上课用自编教材，如果教师年年翻老教材，是会被取笑的，但是现在不同了，大多使用统编教材，对此，我有自己的看法，统一的教材某种程度上缺少个性化特征，也缺少创新性。我们学校老师的特点是踏踏实实上好每一天班，勤勤恳恳做好每一件事，认认真真上好每一节课。无论是当老师，还是当干部，都应该这样，行得正、坐得直，必须要比别的人做得好，必须比别的学校做得好，所以我们的财务工作也是这么做的。

采访者：您发表的论文《人才会计与学校经济效益》，以及出版的一些著作都是关于学校经济效益这方面的。您当时为什么要做这些研究？

吴怡兴：我记得去参加教育部举办的一次学术研讨会时，向著名教育家、中国现代会计之父潘序伦和著名学者王庆成请教了这方面的问题，所以就从会计的职能出发进行深入研究。我写的书和发表的文章大多与教育经济理论有关，我出版的比较有价值的两本书：一本是《教育产业论》，获过奖，另一本是《教育经济资源配置研究：教育产业理论辨析》。你们可以在学校图书馆找到这两本书，也可以在网上找到电子版图书。

实现教育目标的过程中离不开经济效益的评估，而评估的关键在于教育质量的比较。从教育理论来说，我们应该不断增加质量投入，以确保教学质量的提高。如果学校基础薄弱，但是进行了质量投入，教育质量也会提高。教育经济效益当然涉及单纯的经济问题，投入少收益高，表明经济效益好。

我们说教育效益是现实存在的，但是把教育收益与商业化、市场化等同，这些都是不对的。有一些谬论，比如一说产业化就是指一节课多少钱，或者将市场、经济庸俗化，即拼命赚钱，这些都是不对的，不是真正意义的产业化。

产业化是规范化的生产和规模化的生产，规范化的经营和规模化的经营，把产业化仅仅理解成赚钱，这完全是经济效益中的功利主义。办学校，招不到学生，规模不达标，那是资源浪费。上课由50分钟压缩成30分钟，这是不规范的。教育不规范就不是产业化，规范化、规模化的教育才是真正的教育产业化。

采访者：还有哪些问题值得您研究？

吴怡兴：我想现在值得研究的课题是，习近平主席提出的人类命运共同体，它已受到学界的高度关注，其不仅是一个政治课题，也是一个哲学课题。各种文化之间的人们应该有共同的追求，各种文化追求的共同体，事关人类命运的变化、人类社会的大变革。

当今世界正处于一个大变革、大调整时期，各种思想的交锋日趋激烈，这反映了世界经济的发展状况。我们需要从历史发展的角度来研究这一课题，我没有做过很好的研究，只是对这一课题很感兴趣，我对教育经济史、会计史，懂得不多，但是比较感兴趣。所谓历史不是讲些历史故事，历史必须传承文化精神，历史具有传承性，要理解人类命运共同体，不仅需要了解世界文化变迁的历史，还要了解人类文化发展的历史。

采访者：我们是历史系的学生，您的想法也跟我们老师上课说的一样。正如司马迁在《史记》中说的历史的问题就是在于"究天人之际，通古今之变，而成一家之言"。最后您对安徽师大青年教师和青年学生有什么期望和建议吗？

吴怡兴：我觉得校训还缺少两个字，那就是"创新"二字。"厚德"和"重教"实际是一回事情，"厚德"没教不行，教没"厚德"也不行，"博学""笃行"是不错，也可理解为悟道，要领悟所教的内容才有发明、才有创造，因此"创新"不可少。我发表的论文和出版的著述中都可以找到很多创新观点，我们要善于质疑，才能提出创新性的观点。教师要领悟教材内容，才能上好课，学生理解了所教的内容，才能悟出其中的道理。没有悟性，就不会有发明创造，所以，我希望大家必须要有悟性，要悟道。我的意思是这八个字的校训要改，"厚德"和"重教"可以只要一个，另外，要加上"创新"二字。学生要博学悟道，博学以后无法悟出新的道理，那是不行的；教师要有悟性，没有悟性就难以理解文化、艺术、历史等，更谈不上发明、创造了，即使看了几百本甚至几千本书，也是没有用的。我希望我们学校的青年教师和青年学生都要学会这点，每天想着"吾日三省吾身"。

杨国宜先生访谈录

采访时间：2017年6月28日
采访地点：赭山校区田家炳楼
受 访 人：杨国宜
采 访 人：胡正毅　高金岩
整 理 人：胡正毅

　　杨国宜，男，1930 年 12 月生，四川南部县人，中共党员，教授。1950 年至 1954 年就读于四川师范学院历史系，1954 年至 1956 年在华东师范大学历史系中国通史研究班学习，毕业后留校工作。后调至合肥师院、安徽师大历史系任教，曾任教研室主任、系副主任等。发表论文百余篇，出版个人专著十余部，合著、主编多部著作。享受国务院特殊津贴。

采访者：老师您好！您还记得您从华东师范大学调过来时学校的情况吗？学校后来从合肥搬迁至芜湖和随后的建设是什么样的情况呢？

杨国宜：关于我们学校的校史，我觉得确实是需要整理一下，历史很重要，我是学历史的，更知道它的重要性。了解一个国家的历史，一个地区的历史，一个学校的历史有着非常重要的意义。安徽师大的历史源远流长，安徽师大的前身是 1928 年创建的省立安徽大学，校址在安庆，抗日战争时期，日本人攻占安庆，学校的一部分迁到湖南和湖北，准备建校，但因为抗战的环境很乱就没办下去，学校的另一部分随着当时的安徽省政府迁到了金寨，根据安徽省政府的需要，在金寨办了一个安徽学院。抗日战争胜利后，安徽学院迁到了合肥，后来又从合肥迁到了芜湖。抗日战争胜利以后，之前迁到湖南和湖北的那个安徽大学又重新回到了安庆，安庆恢复安徽大学，改省立为国立。1949 年下半年，长江发大水，国立安徽大学从安庆迁到芜湖，国立安徽大学到了芜湖，就与安徽学院合并了，校名改为安徽大学。后来经过院系调整，安徽大学的农学院迁出去了，留下来的就是这个安徽师院。1958 年学校的文理分科，文科迁到合肥，理科留在芜湖，迁到合肥的叫合肥师院，留在这里的仍叫安徽师院，后来改名为皖南大学。

　　我的老家在四川南充南部县，我在南部中学读中学，在四川师范大学读大学（当时叫四川师范学院），我毕业了以后就考研究生到了上海，毕业后留在华东师范大学历史系工作。1958 年，安徽省委书记曾希圣派人到上海，希望上海支援安徽教育，华东师范大学第一副校长和两个系主任，一个生物系的，一个数学系的，带上我们一批年轻教师和一批应届毕业生一共 200 多人，浩浩荡荡地从华东师范大学搬到安徽来了。到了安徽以后，孙陶林在安徽大学当了副校长，我们一批人就到了合肥师院，我就到了合肥师院历史系。

下面就讲历史系了，系主任是光仁洪，副主任是吴宣易，系总支书记是成伯平。张海鹏是历史系的秘书，他教中国古代史，我也教中国古代史，我跟他的关系很好。我从华东师范大学来的时候，人生地不熟，就经常跟他在一起，又因为在同一个教研室，因此关系非常好，可以说亲密无间，后来他成为我们学校的校长，2000年去世了。我和他从1958年到1998年，共事40年。

1958年"大跃进"，学校大兴土木，建了很多校舍，我来的时候就已经很有规模了，大校门建起来了，进门以后，对面教学大楼也建起来了，教学大楼后面有办公楼，东边是大操场，学生住在东边的五六栋房子里，教师干部住在西边，这都很不错的。我爱人一周后也从成都调过来了，于是学校就给我们分了新房子。两居室的房子，有一个独立的厨房和一个公用的厕所，也够一家三口居住了，这样我就安心地在合肥师院历史系工作了。当时的学校虽然看起来很简陋，但是在那时算是很不错的了。

从1958年到"文革"开始的这八年，我陆续写了些文章，得了一些奖，当时，我就有点名气了。

我来到学校以后，就一直在教学岗位上，后来张海鹏把他的秘书工作分了一部分给我，我就成了科研秘书，此外，系里还有教学秘书和行政秘书，共同协助系主任工作。当时的情况就是这样的。

采访者：能谈谈您在历史系任教时学校的教学情况吗？

杨国宜：当时的教学情况比较正规，尤其是"文革"以前的教学都比较正规。拿历史系来说，"两条线八大块"，即中国史一条线，世界史一条线；中国史四块（古代史、中世纪史、近代史、现代史），世界史也是四块。"两条线八大块"是指专业课，其他的就是政治课、教育学课、思想课。当时全国没有统一的教材，只有教育教学大纲，它包括中国古代史大纲、中国近代史大纲、世界史大纲等。我们就根据教学大纲写讲稿，然后上课。

课堂教学，就是老师讲、学生记。每一个礼拜，除了上课，教师晚上还要去教室给学生答疑解惑，如果无法解答，那就回去查资料，第二天继续给学生解答。当时我们有个教历史教育法和历史文献的老教师，人称"活字典"，他态度好，学生提的问题当场能解决就当场解决，解决不了的第二天都要解决。学生学习态度端正，专心致志，非常用功，这是一个优良的传统。

除了课堂教学，平常还有课堂讨论，一门课每个学期至少要开展两三次课堂讨论。同学们根据题目，结合上课的内容，查看参考书，然后在一起讨论，学生讲完自己的观点后，老师再做总结。我记得当时中国人民大学把他们学校课堂讨论的内容、讨论思路等刊登在报纸上，我们也采用了课堂讨论、出墙报等方式，这些方式是非常好的。考试，一般来说就是看每个学生的发挥情况了。教学的情况大体就是这样。这是"文革"以前的教学，"文革"时期教学情况当然又有不同了。"文革"时，学校基本就不上课了。

"文革"后期，学校招了几届工农兵学员，把农村的知识青年招回来，我们历史系就招了五届学生。工农兵学员不是通过考试，而是从下放的知识青年当中推荐而来，工农兵学员中也有很优秀的，比如第一届工农兵学员王世华，后来担任了安徽师大副校长；第二届工农兵学员刘奇葆，曾担任中央宣传部部长；第三届工农兵学员房列曙，后来担任了我们学院的院长；第四届工农兵学员欧阳跃峰，也是研究生导师、博士生导师；第五届工农兵学员张国刚，进校后不但学专业知识，而且学外语，如自学日语，后来我推荐他去南开大学读了杨志玖先生的研究生和博士生，博士毕业以后，他留在了南开大学，两次去德国做访问学者。他不仅学会了德语，而且在德国待了十年，写了很多文章，回到南开大学以后做了历史系主任。后来清华大学恢复文科，要建立历史系，他又调去清华大学当历史系主任。随着时代的进步，这些学生还是通过重重阻力成了才。"文革"以后的教学情况又大不相同。

1977年高考恢复，学校教学慢慢走上了正轨。大概是1980年开始招收研究生的。1978年，张海鹏、万绳楠和我是第一批评副教授的，也是安徽省第一批副教授。后来我们历史系也招收研究生了，第一批招研究生的老师是胡澱咸（他招的研究生是裘士京）、苏诚鉴、万绳楠，第二批招研究生的就是我和张海鹏了，第二批招的研究生是王世华、李琳琦、周晓光、吴晓萍，后来招的研究生有刘灿华、陈孔祥等。大概就是这样，学校越办越大，层次越办越高，教学越来越上正轨。张国刚是我们学校毕业的本科生，是我推荐他去南开大学读研究生的，以至于他后来一直记得我，他每出版一本书都寄给我，今年春天还给我寄了一本中华书局出版的《〈资治通鉴〉与家国兴衰》。

采访者：能谈一下您当时在学校的生活水平是什么样的吗？您的教学条件和生活条件有什么变化？

杨国宜：一般是能够满足生活需要的，党和政府还是很关心教师的。当初我到合肥师院一周后，就分了一套房子，房子虽然不大，但厕所、厨房都有了，可以安家了。我们在240个人的阶梯教室上大课，当然，那时候也没有电子化教室，全靠板书。我上课声音大，为什么呢？就是那时候训练出来的，阶梯教室上课都不用麦克风，那个时候也没有，但是依然能满足学生上课的需要。生活条件嘛，吃饭等方面还可以。

1958年我们刚到合肥的时候，我们都是吃食堂的，十多个菜，想吃什么就买什么，挺好的；两三个月后，吃饭不要钱，这个更不错。然而这样的生活难以为继，持续不到半年，第二年就没有吃的了。时值"大跃进"，吃大锅饭，后来有人总结经验，说亩产三万斤、八万斤，这些都是不符合实际情况的，一亩地能产多少万斤，有什么科学依据呢？没有！

采访者：您能谈一下您在学校期间，印象最深的事情是什么吗？

杨国宜：最深刻的印象？我写的一篇文章《学习毛主席思想，研究中国古代及中世纪史的基本问题，批判资产阶级史学观点》，发表在《史学月刊》的头版头条上，为什么呢？因为当时都在学习毛泽东思想。

刘奇葆在大学还没毕业的时候，就在《红旗杂志》上发表过文章。所以当时红旗杂志社非常看重我们学校。我还被派到红旗杂志社，跟刘奇葆班上的另一个同学，住在红旗杂志社写文章、改文章。让我印象深刻的是，那位同学写完文章后我来改，改完了再交上去，然而红旗杂志社的编辑又把文章改回来，但是他改的内容跟事实不符，这样改来改去，就没法继续改下去了。第二次，学校派我和一个女同学去红旗杂志社，这个女同学写的文章很不错，那时已经到"文革"后期了，我们觉得文章中有几句话不符合时势，杂志社的编辑不让我们改，我们就是不同意。

采访者：您觉得我们学校虽然几易校名但始终不变的精神是什么？

杨国宜：对于这个问题，我倒是有一些看法。校训的四点是一个整体，是互相联系的，不能说哪一点最好、最重要，因为这四点都是我们历史上的优良传统。要培养人才，那就要德才兼备，德就应当放在第一位了，任何时候，德都要放在第一位，但是只有德也不行，还得有知识，知识从哪里来？从教育中来。我们办大学，一定要"厚教"，因为"单教"也是不行的，单单受了教育，读了大学甚至是研究生，五六年过去了，学生能力并没有提高，也不好，为什么不好？因为没有博学，所以古今中外优秀的文化都要学习，要博学。博学了以后，还要再专业一点。总之，如果没有广博的知识，最后成不了专家，即使是专家也是跛脚的，走路一瘸一瘸的，所以要博学才能全面发展。有些人很博学，但只是仅限于书本，动手能力不行，为什么不行呢？因为他没有在实践当中运用，所以，最后要笃行。厚德、重教、博学、笃行是紧密联系、缺一不可的。

我们师范大学最重要的是什么？我认为，最重要的就是培养人才，培养全面发展、德才兼备、广博学识和能学能用的人才。我觉得我们学校的传统很好，也培养了很多人才。我们历史系就有很多人才，比如谷国华，他毕业以后留校，任系团总支书记、院团委书记，后来任系革委会主任、教务长，之后当了校革委会副主任，又到阜阳师范学院任校领导，若干年后，又回到我们安徽师大当校领导。这是我们自己培养的人才。谷国华的同班同学吴怀祺，先任中学老师，后来我推荐他考了白寿彝的研究生，毕业后留在北京师范大学成了白寿彝的接班人。前年我去北京，他还感谢我。另外，王世华、李琳琦、周晓光、庄华峰、方青、徐彬，都是全面发展的人才，特别是张国刚和广州的张其凡，都非常了得，张国刚是唐史学会的会长，张其凡是宋史学会的副会长，他们写的书有一二十本，他们都会给我送书。这就是培养人才，也是在我们的校训下培养出来的人才，我们没有脱离正轨，没有改变初衷。

采访者：你能谈一下这些年我们学校的教学条件和生活条件的变化情况吗？

杨国宜：学校变化太大了，变得越来越好，安徽师大毕竟是芜湖的老学校，到现在那么多年，变化实在太大了。现在的安徽师大赭山校区只有生化楼、教学楼，还有其他个别的老楼，现在除了一些文物，其他的都是全新的，我住的这个楼也是新的。我从合肥到芜湖来时，住在西校门旁边的平房里，一家六口住了两间，一个月以后，我们就分到铁山宾馆旁的新楼了，分了三间房，六个人住三间房也还可以了。后来搬了一次家，就在凤凰山那边。学校陆续修建了十栋楼，我有幸又分到了一套房，三室一厅。后来又搬了一次家，就是现在这个地方，也是三室一厅，包括厨房和厕所共有89.5平方米，这在当时算是最好的。我家楼上住的是张正元，他是校党委副书记。这栋楼的十二家都是当时对学校有贡献的老师，如：生物系的主任钱啸虎，著名学者刘学锴，退休老干部王玉。学校发展很快，条件也在逐渐改善，特别是我们历史系之前的那栋楼被拆掉了，新建了田家炳楼。现在，学校又有了花津校区，花津校区现在发展很好，但是我还是喜欢这里。总之，学校的硬件设施和软件设施都发展得很快，生活水平也越来越高。

我校老教师的待遇还是不错的，我们很满足，习惯住在这里。我在1997年退休前，最后一个研究生是路育松，他毕业以后，考到南京大学继续深造，现在是《历史研究》杂志社副主编。我们用心地培养，学生用心地学习，因此，他们学有所成。

采访者：您在退休后也经常参加咱们院的各种活动，能否简单介绍一下您参加过的活动以及给您留下印象最深的一次活动呢？

杨国宜：这个印象太深刻了，退休之后，我还在继续写文章，因为我没有其他爱好，不愿意串门，不愿意打麻将，于是就继续写文章、开会，凡是有学术会议，大多数都去参加。我是农战史学会会员、宋史学会会员、南宋史学会会员，也是我们省历史学会会员，中国古代史分会会长，所以参加学术会议的机会多。

朱熹是国际上比较有影响力的人，我是安徽省朱子研究会的理事，因此我参加了所有朱子研究会的会议，写了十多篇与朱熹有关的文章，其中有朱熹反腐败、朱熹民本思想等。尽管我们要总结朱熹正确的思想，但也要看到他的不足之处，这些不足之处有待后面研究，比如说，朱熹的理学思想容易形成空谈、伪道学，容易形成只学不做的状态，因此，我对朱熹的研究应该更全面一些。

采访者：您对我们安徽师大青年教师和学生有什么期望和建议呢？

杨国宜：对于这个我还是比较关心的，尽管我现在脱离了教学岗位，但我毕竟担任过历史与社会学院的关工委副主任，十来年都做这份工作，所以非常关心下一代。我们每年都要给学生作报告，也给年轻教师和研究生作报告，对他们寄予厚望。有本科生和研究生来家里的时候，我总是尽量对他们进行指导，即使是老教师，包括庄华峰、裘士京、房列曙，他们有问题来问我时，我都尽量回答，年轻教师也有经常到我家来咨询问题的。

有段时间，杜蒸民、周美云和我是历史与社会学院的督导组成员，我们去听教师讲课并且开评审会，给每个教师提意见，我们每个人还要做总结，所以哪个教师表现得好，哪个表现得不好，我都提过一些意见。

我们曾经对一个有研究生学历的教师提过意见，他不是师范院校毕业的，没有学过教育学，上课没有条理，板书也很乱，结果离题太远，给他评过课后，系里给他停课了，让其进行整改，预讲以后再上课。两个星期之后，我们又给他评课，结果是比第一次有改进，但还要继续改进，系里经研究决定，不再聘用这个教师了。这件事说明，我们做事要有原则，治病救人也是有原则的，他虽然是研究生毕业但是不适合当老师。你们要注意，我不是认为他没有学问，是有学问但是讲课没条理，说话也没有条理，不适合当教师，那你选另一种职业吧，有学问又会讲课才可以当教师。所以，即使他是研究生毕业，可是也不适合当教师，这些都是要严格把关的。我建议学生要学习一门课，即逻辑学，说话要有逻辑性，才能说服别人，这点我还是很注意的，我现在的思维已经有点乱了，但是我觉得还不是太乱。总之，上课不能像放野马，放了之后就拉不回来，我们要时刻拉回来，回归主题。

杨克贵先生访谈录

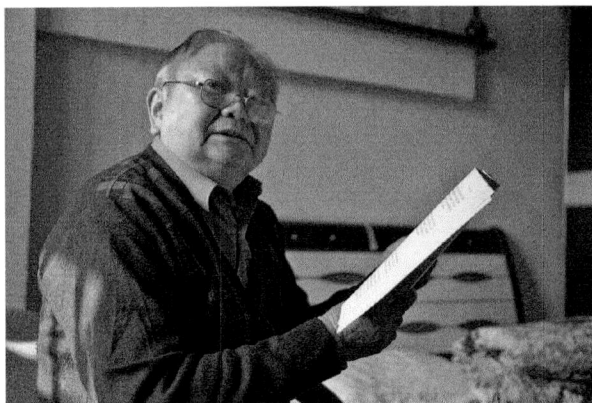

采访时间：2017年7月2日
采访地点：赭山校区退休教师活动中心
受 访 人：杨克贵
采 访 人：王京京　王　芹
整 理 人：林　萍

　　杨克贵，男，1935年5月生，安徽巢湖人，中共党员，教授。1958年至1962年在合肥师院中文系学习。毕业后在合肥师院、安徽师大任教，历任教育系副主任和主任、校老年大学校长、关工委副主任。曾任中国教育学会杨贤江教育思想专业委员会理事，安徽省教育学会常务理事，教育史专业委员会理事长、安徽省陶行知研究会副会长等。合著多部图书，发表论文50多篇。

　　采访者： 老师您好！首先请您谈一下您的求学和工作经历，并结合这种经历谈谈学校的发展情况。

　　杨克贵： 我觉得你们做的这项工作很有意义，这对你们自己来说也是个锻炼。现结合我在学校的大致经历来谈一谈学校的发展历史。

　　我是1958年考取合肥师院中文系的，明年是我入校60周年。当时合肥师院刚从安徽师院分出来搬到合肥。省里决定成立合肥师院，文理分科，从1956年开始建校。1958年，合肥大学成立，就把建好的校址让给合肥大学，即现在的安徽大学（1958年9月，毛主席视察，改为安徽大学）。合肥师院就在原合肥师专的基础上扩建，4月份建教学大楼，9月份就投入使用，当时学校各方面都处在建设阶段，比较凌乱。1958年"大跃进"，学校办工厂、农场，学生都要参加劳动，参加大炼钢铁，教师下基层办学校，劳动比较多，学校没有正常的教学秩序。我在中文系学习了两年，深感中文系教师力量是很强大的。

　　1960年合肥师院恢复，建立教育系，当年招生80人，其中学前专业30人。当时教师不够，就从外系选调学生培养，我于1960年秋天选调到教育系。当时从中文系抽调学生4人，历史系抽调1人，分别送到南京师范学院（今南京师范大学）和华东师范大学培训学习。我到华东师范大学学习心理学，还有两人学习的分别是教育学和教育史，到南京师范学院的两人也学习教育学。原计划要学习两年，结果学习了一年就回到学校了，因为政策有变化，教育部不主张这种培养方式。当时用这种培养方式的人和学校很多，我校其他系也有这种情况。1961年我回校之后就参加教学工作了。总之"大跃进"招生过多，缺少教师，学校采取两条腿走路方式，一是在职进修，一是脱产进修，两种方式都培养了一大批教师。我回校后，一边做教辅工作，一边进修。

有指导老师指导的，叫在职进修。当时新教师上课，要严格把关，还要在教研室试讲，通过后才能正式上课。现在看来，那是一项很好的措施，能保证教学质量。1961年，学校贯彻实施《中华人民共和国教育部直属高等学校暂行工作条例（草案）》，这是针对1958年教育大革命以后，学校出现的一些不正常情况制定的，因为"大跃进"时期学生劳动过多，影响教学。该条例草案对学校各方面规定都很具体，如学校平均每学年要有8个月以上的时间安排教学，学生参加劳动的时间为1个月至1个半月，每年有2个月至2个半月的假期等。学校根据这些规定做了具体安排，于是，教学秩序恢复正常，教学质量也得到提高。1977年恢复高考制度，学校参照执行这个条例草案。教育系恢复招生后，为贯彻"调整、巩固、充实、提高"的方针，1962年教育系又被撤销，学生并入政教系，保留教育学科教研室，为全校各系学生开设教育学、心理学、教材教法等公共课。如此一来，教师就有多余，于是，学校又调出教师10多人，保留了30多人，我被留在教研室。1963年全国开展"四清"运动，农村社会主义教育运动，要求大学师生参加，当年我被抽调到歙县。1964年下半年，我又被先后调到寿县和长丰，直到1966年底才回到学校。

"文革"期间，学校停课了。1969年，很多教师、干部被下放或调走了。我们教育学科教研室30多人，一部分下放农村，一部分到合肥中学任教，一部分调回原籍或其爱人所在地，以便照顾家庭；留下不到四分之一的教师，包括几位年老体弱的老教师，还有另外四五个人，我就是其中之一。

1970年1月，合肥师院部分系科被并到安徽工农大学，外语系并到了安徽大学，而政教系则并到了安徽劳动大学。我们教研室几位同志到了安徽工农大学。合肥师院被撤销的原因是要把它的校址让给中国科学技术大学。为了战备，当时北京的一些高校要外迁，中国科学技术大学南迁安徽，选定合肥师院校址，省委决定让合肥师院立即搬走。于是，在不到一个月的时间内，整个大学除房屋外全都搬走了。当时虽调有专用火车，但仍搬运不及，又逢冬天，下雨下雪，待运物资堆积车站，家具、图书损失严重。合肥师院地处南七里站，占地700多亩，经过10多年的建设具有相当规模，硬件设施齐备，尤其绿化搞得很好，生物系老教授江植棠在绿化上贡献很大。我们来到芜湖，当时两校并为一校，住房非常紧张，不少教职工就住到学生宿舍。因为没有学生，当时这里也比较乱。不少的单位进驻在学校里，皖赣铁路指挥部就在学校里。可能是大家都觉得这里环境很好，校园另有一番景色，背靠赭山，面对镜湖。这里原来是安徽学院，1949年安庆发大水，国立安徽大学迁到芜湖，与安徽学院合并成立了新的安徽大学。后来院系调整有三次，1954年成立师、农两院，安徽大学撤销。农学院迁到合肥，这里叫安徽师院。1958年刘少奇到芜湖，万立誉与曾希圣商量，建议将学校改为皖南大学，并请刘少奇题写了校名，1960年正式更名。1968年皖南大学改为安徽工农大学，1970年我们来时还是叫安徽工农大学。学校教学设施也很好，有教学楼、生化楼、图书馆，还有几幢老建筑。我们教研室来的几个人被安排在教务处，教务处当时叫教革组。1970年招收工农兵学员，劳动较多，也上课，我们就给他们上教育理论课，当时叫毛泽东教育思想，实际上就是教育学。我们合肥师院来的几位同志，加上原皖南大学教育学科教研室的同志共十余人。1973年后教育小组成立，有三个负责人，即林若男、郭南和我。后来，被下放的教职工陆续回校，人数增多。1977年高校恢复招生，我们教育学科教研室恢复，辛艰同志任教研室主任、党支部书记。

为适应全省教育发展的需要，1980年恢复教育系，原教育学科教研室成为教育系，我任教学秘书。当年学校招收教育专业学生30人，1982年后正常招生，1985年增设学前专业，1990年后又设应用心理学专业。学院发展很快，生源和分配都很好。2000年教育科学学院成立，现在大概是5个专业，学生近千人，有本科生、硕士生、博士生。教育系成立时，系主任为常春元，是从华中师范大学调来的。1984年机构改革，干部年轻化、知识化、专业化，夏瑞庆为系主任，我任副主任兼教科所副所长，常春元调走。教育系成立后，我就在本系教授中国教育史、中国学前教育史等课程，职称也由副教授升到教授，2000年退休，退休后被返聘工作几年。这就是我在安徽师大的大致情况。

合肥师院当时在全国文科领域十分有影响力，中文、历史等专业底子厚实，也有不少教授，中文系有宛敏灏、张涤华、祖保泉，历史系有胡澱咸、万绳楠，后期还有张海鹏。安徽师大1980年之后规模扩大，到2000年学生有六千多人，有12个系，专业也有所增加。1979年后开始招研究生，八十年代后专业增多，后来又招博士生。学校发展很快，当时安徽师大在全国名列前茅。教育系1986年招了一届研究生，我也是导师之一，后来有几年没有招研究生了，直到20世纪90年代我又开始招研究生。

关于校园建设，刚来时房子不多。1946年安徽学院迁来芜湖时利用的是芜湖沦陷后驻芜日军建的房子以及尼姑庵等，现在的教学楼、生化楼是1956年到1960年建的，还有图书馆、大礼堂、学生宿舍八栋也是那时建的。女生宿舍与男生宿舍隔开，中间是大操场，教工宿舍也很少。20世纪80年代到90年代，学校大发展，建了很多房子，有新图书馆、科技楼、行政楼、教工宿舍等。山上原是芜湖一中校址，芜湖市当时非常支持我们学校发展，于是让芜湖一中搬走了。山上的四合院很有历史价值，凤凰山原萃文中学也有历史价值。

采访者：您在安徽师大工作时间很长，经历的事情很多，您印象最深刻的事是什么？

杨克贵：经历的事很多，印象深刻的事也不少，但就我个人来说，记忆最深的当然就是教育系恢复招生的事情。这不仅是教育系的发展，也为我的专业发展创造了条件。教育系在全校各系中资格还是比较老的，比历史系资格还要老，和学校同龄，是学校最早的几个系之一。1928年省立安徽大学成立时，设文法学院，院内设立四系，教育系是其中之一，称哲学教育系，1932年改称教育系。后来安徽大学停办，教育系也停办，1946年安徽大学恢复时，教育系同时恢复。抗日战争时期创立的安徽学院也有教育系，1949年国立安徽大学与安徽学院合并，两个教育系合并成一个系，一直办到1953年。中华人民共和国成立后，全国高校院系调整，我校教育系学生于1953年暑假调入华东师范大学，教育系停办，直到1980年才恢复。教育系停办了20多年，所以我印象深刻。

采访者：能谈谈您从事教育工作期间的感想和所获得的经验吗？

杨克贵：一生教书，经验谈不上，感想倒有一些。一生从事教育，讲台站了40多年，现在回想起来，无怨无悔，深感当个教师不错，虽无多少建树，但还比较充实，没有虚度。教师是个古老的职业，是受人尊敬的职业之一。人们对教师有很多赞美之词，我在当教师的实践中感受到了当教师的乐趣。

教师的工作是育人的工作。人是万物之灵，能把人培养成才，这比什么都重要。看到他们的成长，我感到非常高兴。陶行知说过："教师的成功是创造出值得自己崇拜的人。先生的最大快乐，是创造出值得自己崇拜的学生。"这话道出了教师的劳动价值。首先，教师是传授文化知识的人，你要给学生知识，自己必须有知识。常言说，给学生一杯水，教师要有一桶水。所以，老师更要不断学习，充实自己，提高自己。我底子不厚，就边教边学，以勤补拙。

《礼记·学记》上讲，"学然后知不足，教然后知困。知不足，然后能自反也；知困，然后能自强也"。我就在这种知不足、知困的情况下积累知识、充实自己。教师生涯给了我理想和追求、知识和智慧、思想和方法。其次，教师是教育别人的人。要教育别人，首先要教育好自己，自化才能化人，所谓"师者，人之模范也"。教师要当学生的模范，古籍上有"经师易得，人师难求"，人师就是既要传授知识，又要传授品德。我在教学过程中，总是把为人和为师结合起来，治学、治事和做人结合起来，谨言慎行，严格要求自己。最后，在大学当教师，还必须有一定的科研能力，能独立进行科学研究，这样才能提高自己，提高教学水平。

我在教学过程中就是以教学带动科研、以科研促进教学的，所以在科研上取得了一些成果。我发表了论文50多篇，与人合著几本图书，在全国也有一定的影响。尤其在陶行知研究方面，出版了《中国近现代教育家研究论集》。干一行要爱一行，要有敬业精神，当教师也是一样，要热爱自己的职业，乐于从教，善于为师，忠于教育事业。当一个好教师还要有创新精神。陶行知提出，当第一流教育家，就要有开辟精神、创造精神，这一点我做得还不够。长期从教，一生战斗在教育战线上，亲身感受到教育是民族振兴和社会进步的基石。改革开放以来，国家重视教育、发展教育，培养了众多人才，国民文化素质有了很大的提高。国家发展有了人才支撑，科教兴国、人才强国有了保证，才能形成强大的综合国力。

采访者：您认为陶行知教育思想的核心是什么？您怎样看待陶行知？

杨克贵：这个问题问得好。陶行知是伟大的人民教育家，是安徽人，与我校有着历史渊源。他是省立安徽大学倡办人之一，在这以后一直关心我校，曾到安徽大学讲学。我曾写了一篇文章，叫《陶行知与我校的历史渊源》，发表在2014年10月31日《安徽师大报》上，你们可以参看。陶行知的教育思想丰富，他的基本教育理论是生活教育，主张在生活中进行教育。什么是生活？就是我们的日常生活，人类的一切实践活动。生活教育理论有三句话：生活即教育，社会即学校，教、学、做合一。生活即教育，是生活教育的本质论。既然生活即教育，社会即学校，哪里有生活，哪里就有教育。生活怎样起到教育的作用？他认为生活和生活的摩擦就能起到教育的作用，落后的人和先进的人住在一起，跟着先进的人过生活，就会受到先进的教育；反之就受到落后的教育。方法是教、学、做合一，要在做上教，在做上学。先生在做上教是真教，学生在做上学是真学，以做为中心。今天强调学生要社会实践，文科要走向社会，在实践中学习，这也是教、学、做合一。老师教你们怎样做社会调查，怎样做采访，怎样收集资料，这对老师来说是教，对你们来说就是学。你们亲自做采访，收集整理材料，这就是做，在做中学，通过这种方式学到的知识也会很扎实。所以说，陶行知教育思想的核心就是生活教育理论。他一生为人民大众办学，"捧着一颗心来，不带半根草去"，体现的就是他为人民大众献身的精神。他的教育理念是"千教万教教人求真，千学万学学做真人"。从1981年起，全国学陶师陶研陶。我校在这方面起步不晚，有一批研陶力量，当然我也是其中之一。我们做了不少工作，也取得不少的研究成果。1991年，我校在赭山校区树立了陶行知铜像，供人瞻仰，它已成为我校的一个景点，是芜湖市中小学生爱国主义教育基地。顺便说一下，陶行知的影响是世界性的，他的母校美国哥伦比亚大学树有陶行知塑像，听说现在有行知园。德国、法国、意大利、日本、韩国等国家也有人在研究陶行知，陶行知在东南亚影响尤其大。

采访者：您认为安徽师大现在应该如何发挥师范教育的特色优势？

杨克贵：安徽师大在师范教育方面有特色优势，大家知道，我校在1954年就叫安徽师院，主要培养教师，师范性是很强的。什么是师范性？学校主要是培养忠于教育事业的合格教师，这些教师不仅要具有深厚的专业功底，高尚的道德情操，还要懂得教育科学。师范教育的特点有：第一，师范院校一般要开设教育科学课程，即教育学、心理学、教材教法。教育学是讲教育教学规律的，这是前人的经验总结，教你怎样备课，怎样进行课堂教学，怎样做到因材施教，使你正式走上教育岗位前少走弯路。心理学是研究青少年心理特点的，什么样的年龄有什么样的心理特点，掌握了这些特点，教师可以因人施教，因材施教，开展教育教学活动。教材教法，就是根据中学的课程纲要，研究怎样安排教材、如何科学地教授各科的教材。

第二，师范院校一般有教育实习，到中学或小学实习，在教师的指导下学做班主任，学做教师。过去是在四年级下学期安排一学期或几个月用来进行教育实习。

第三，师范院校一般都有附属中学、附属小学甚至附属幼儿园等作为实验基地，供学生观摩、实习。我认为安徽师大在这些方面有特点、有优势、也有传统，我们要保持和发扬这个优势。安徽师大几十年来为全省培养了多少教师，我没有统计过，但全省很多中学校长、特级教师都是我们学校培养的，这就是优势，这就是特点，是全省其他高校比不上的。

扩招以后学校有了新变化。2007年教育部对我校进行本科水平评估时，特别强调，安徽师大的特色就是师范性，不是综合性，要充分发挥学校的特色，充分体现师范性。当然，我不反对我们学校开办并发展其他专业，其他专业也要好好发展。我校在其他方面也培养了很多人才，比如刘奇葆、王胜俊，不都是历史系毕业的吗？我校还培养了很多党政干部和各条战线的专业干部，这不也是人才吗？

采访者：关于安徽师大校训，您认为校训中哪点最重要？

杨克贵：校训是一个学校的校风、学风的集中体现，反映了一个学校的传统。我校的校训是厚德、重教、博学、笃行，这八个字体现了我校特色和传统。我知道这个校训制定的过程，大概是在2000年，学校为了制定校训，广泛征求意见，我也参与其中了，经过讨论，我校校训要按师范性质来写的。这八个字强调了德、教、学、行，每个字都重要，不能讲哪个字或词重要。师范教育培养教师要有高尚品德，这里有"德"；"教"的范围广一些，当教师要重教，国家重视教育也是重教；"学""行"是我们每个师范生必须遵循的行为规则。这就是说，这四点是一个是整体，不可割裂的，这样才能体会校训的精神，发挥校训的育人功能，这是我的理解。我国一些古籍上有很多谈学习或学习过程的警句格言，它们成为很多高校校训的来源。《中庸》上有"博学之，审问之，慎思之，明辨之，笃行之"，把学习过程概括为学、问、思、辩、行五个步骤，这实际是我国最早的校训，对后世影响很大。现在中山大学的校训就来源于此。复旦大学的校训是"博学而笃志，切问而近思"，这是《论语》上子夏的话。梁启超在清华大学作报告时引用《周易》上的话，后来"自强不息，厚德载物"成为清华大学的校训。各校可根据自己的特点来制定校训，我校也按照自己的特色制定了校训。你们借这个机会宣传校训是很好的，这样做可使大家熟悉校训并按校训办事。

采访者：您对安徽师大未来的师范教育有什么期望和建议吗？

杨克贵：我退休多年了，对学校的情况不甚了解。当然，我们老教师对学校的发展还是很关心的，我就简单谈谈我的看法。

第一，我希望我们学校的师范教育特色能够保持并得以发展。我校有这个特色，有这个传统，而且历史悠久，能继续发挥学校教育事业的母机作用，为全省教育发展做贡献。学校扩招后，形势有所变化，要作相应调整，但不能削弱师范教育。

第二，要加强基础教学，提高教学质量，包括加强教育科学建设。过去强调"三基"，即基本理论、基本知识、基本技能，这些学好了，其他能力就容易提高了。师范教育专业要加强教师的基本知识和基本技能训练。此外，要做好附属中学、附属小学的建设，希望教师要走上教学第一线，教授基础课程，领导最好也能深入教学第一线，亲自听课，加强督导。我们学校的原教务长、后任副校长许用思同志就做得很好，许老拄着棍子听课，而且对听过的课都能作出正确的评价。

第三，建议发挥赭山校区的功能，保护赭山校区的完整性，这是我们老教师密切关注的。赭山校区背山面水，树木葱茏，自然环境优美，是个读书治学的好地方。赭山校区文化底蕴深厚，历届学生恋恋不舍，也是安徽高校持续办学历史最悠久的校园，是芜湖市的一张文化名片，保存了一些古建筑和古树名木。但是我们学校有些老建筑还是被拆掉了，如一大楼和二大楼。山上四合院是原中江书院，后来是皖江中学、省立五中的校址，很多名人如陈独秀、蒋光慈等都在这里从事过教学和革命活动，现为芜湖市的文物保护单位，是我校校园的亮点。能容纳万人教学活动的赭山校区，应该充分利用学校资源，不能闲置浪费。今年暑假物电学院和化材学院都搬到了花津校区，可能导致这里很多房子都空着。我说的赭山校区包括教职工宿舍区，这些生活区占学校面积的一半，不能让、不能分割，否则学校就不完整了。如果将这些职工宿舍改建成住宅楼和商业楼，不仅会破坏了赭山风景，也打破了教学区的宁静。一些老校友也发文呼吁保护赭山校，希望领导重视。20世纪70年代，芜湖市有些单位要占用我校土地，老校长魏心一坚决抵制，寸步不让，还亲自出面交涉。从翠明园到赭山顶的围墙，就是在他的领导下砌成的，大家都很怀念他。回顾校史，总结经验，我建议把赭山校区保护好，充分发挥其功能，她是我校师范教育的长期根据地。

杨炜先生访谈录

采访时间：2017年7月4日

采访地点：杨炜先生寓所

受 访 人：杨　炜

采 访 人：王京京　黄　涛

整 理 人：黄　涛

　　杨炜，男，1927年6月生，山西永济人。曾被皖北军区军政干校三大队九中队评为甲等学习模范，被安徽军区文化速成小学记三等功两次。转业后被分到合肥师院工作，1958年起历任合肥师院生物系秘书、总务处生产劳动科科长、生产处秘书、图书馆阅览室副主任。离休前任安徽师大横埂农场场长。

采访者：老师，请您简单地介绍一下自己吧。

杨炜：我是山西人，我的家乡在"文革"以前叫永济县蒲州。蒲州，民国前称蒲州府，《西厢记》里的普救寺知道吧，就是那个地方。1958年以后的永济县，共分为五个区，中条山以南三个区，分别是一、二、五区，山北是两个区，即三区和四区。1958年"大跃进"的时候就把中条山南的区归到芮城县了。芮城县是个小县，春秋战国时期是芮国，一直保存到现在。我是永济县人，在风陵渡上学的，在我们涧口村上了两年的私塾，后来在本村和风陵渡上了两年小学。1938年日本人打来了，我就逃难到了陕西。大体情况就是，我在山西上了小学四年级，在西安上了五年级，事后又回到山西上了小学六年级，1941年在永济县永乐镇小学毕业，1942年考取运城师范学校，1944年在陕西凤翔的战时中学就学辅导处复读。战时中学包括初中一、二、三年级，高中一、二、三年级，还有大学的先修班、大学研究班。战地失学青年主要是从山东、河北、山西、河南流亡过来的，到陕西后，被收留了下来，都在那复习。暑假的时候可以出去考试，如果被录取了，可以拿着发的路费去上学，考不上再回来。辅导处的人很多，三千多人。战时中学的高一和高二只有两个班。我读了两个多月后，当年12月，学校号召知识青年从军，当时，我们的校长在讲台上放了一桶墨汁、一坨毛笔和一块大白帘子布，他画了一个地图，把沦陷区拿蓝笔画出来，然后说："看看这些沦陷区，我们要把打胜仗的刀枪放在我们生长的地方。"听后大家一起拥上台，台上台下哭声一片。

　　这里的学生都是从沦陷区逃出来的，三百多人全都报名了，我们走后学校就停办了。1944年我报名参军，1945年元月一日就从西安坐飞机到了云南。当时云南的驻军司令杜聿明把陕西招来的兵，包括西北工学院、西北农学院、西北大学、司法学院的从军青年都送到云南去了，杜聿明也是陕西人。当时青年军有九个师，201师、202师、203师、204师、205师、206师、207师、208

师、209 师。我们是 207 师，201 师、202 师、203 师、204 师在重庆附近，205 师在贵阳，206 师在汉中，207 师在云南，208 师、209 师分别在浙江、江西。我们 207 师的师长是方先觉，皖北宿县人。我在 207 师待了一个礼拜后，领导从中挑选拥有高二以上学历的人学驾驶汽车，因为我上过师范学校又上了高一，所以被选上了。我们这批挑选出来的人被空运到了印度。我记得 1945 年的春节是在云南沾益关帝庙里过的，正月初五晚上就坐飞机去印度了，到印度以后换了单衣又坐了三个礼拜的火车，到了印度中部兰伽的南姆伽大营房，这个大营房是关意大利战俘的。那个地方的房子盖得都很好，洗澡设备也有，因为印度天气热，一天要冲两次澡。我所在的团是中国驻印军陆军暂编第一团，我们在那个地方学驾驶汽车。我们是元月份去学开车的，学了四个多月，五一之后就回国了。我们开车从中印公路行驶了约半个月就到了云南昆明。回国时在印度和缅甸交界的西坪洋那个地方，我开的吉普车翻了，所以你看我这个地方是翻车时受伤的，翻车后我在美国野战医院住了两天。我们在路上走了大约半个月，八月初七回到昆明。

我们一行人一到昆明就被改编为海军陆战队，要到菲律宾去，于是我们又要坐飞机去菲律宾。原本在 8 月 4 日去菲律宾的，后来日本就投降了，所以我们就没走了，在昆明住了 5 个月。后来国民党要打内战就不再管我们了，青年军本来在两年后要退伍的，但是他们也不管，我们在驻地闹事，上街游行，国民党政府害怕了，命令我们团于 12 月 5 日之前运汽油离开昆明，于是我们就在 1945 年的 12 月 5 日开车运汽油，从昆明到了贵阳，1946 年的春节我是在贵阳过的。汽车停在贵阳飞机场，春节后我们把汽油送到了湖南芷江，芷江原来是日本进攻中国的最后一个战场。我们到了衡阳，在衡阳火车站住了 5 个月。按规定我们退伍之后，上学的还要复学，该安排工作的还要安排工作。国民党想让我们在南京退伍，他们只想要我们的汽车，人走车留下。去南京退伍的话，找工作太难了，要面临几千人同时竞争驾驶兵职位的窘境。于是我们就跟他们闹了，团长和当地国民党驻军 20 军闹，当时我们驻在江西太和县，20 军举起机枪让我们交车子，还把我们关起来，我们就和 20 军军长谈判，谈判的结果是他给了我们一百辆车子，自己开着去南京复员，其他车子都留给他们。就这样，我们又跑到了南京，八月初到南京就办理了复员手续。因为我的学历低，只上了两年私塾，也没有上过初中，读了一年半的师范学校，高中一年级只上了两个月，数理化根本不懂，后来考大学的时候我想学理科，所以就报了杭州青年中学，从高一上起，1949年高中毕业。

我从印度回来在昆明住了几个月。受到了中国共产党的影响，在国立西南联合大学的时候，我们经常看大字报、墙报，看《群众》杂志。我们经常从图书馆借阅郭沫若和鲁迅的书，经图书馆人员介绍我认识了吕文载。吕文载是我们山西人，当时在安徽太湖县白沙教书。吕文载把我带到解放区，当时我们是从芜湖过江的。1949年元月21日蒋介石宣布下野，李宗仁出任代总统。

我在芜湖的时候，吕文载就给我写了一封到合肥找郑震的介绍信。我们过江后，国民党的败军从蚌埠那边过来了，合肥这边也败了下来，江被封锁了，我和那位一起上过小学的杭州老乡，还有一个陕西人，就在裕溪口住了一夜，第三天，我们扔掉皮箱，穿着军衣背着背包，步行到了巢县。

巢县离合肥很近，但是当时还未解放。老百姓白天不敢在家里蹲着，到天黑了才敢回来，听说我们要到巢县去，他们就用大木盆把我们送送过了河。晚上，我们在老百姓的牛屋里过了一夜。第二天，我们去了乡政府，他们派人把我们送到了和县县政府，当时的和县县政府就在南义镇，还没到搬到后来的和县县城。我们到了南义镇之后，县委书记给我们写了封介绍信，让我们到巢湖军分区，于是第二天我们就到了巢湖军分区并且在那儿住了下来。因为当时实行的还是供给制，所以给我们三个人发了些粮票和几斤烧草的草票。我们在巢湖坐了一天船，又到施口住了一夜，第二天去了合肥郑震家，但是没找着人，于是我们又从合肥到了蚌埠。军管会的负责人说华东大学马上要招生了，要我们考大学，于是我们就住在招待所准备考试。后来，我们考上了华东大学，当时华东大学的江淮分校在凤阳。我们在华东大学待了两个月，时任校长是曹荻秋，后来学校动员我们到农村去帮助保甲长征草、征粮。那时保甲长还是国民党保甲长，帮助他们征粮，把解放大军送过江。于是我们就去支前了。学校把我派到安庆望江县，四月份解放大军就渡过江了，我们在望江待了两个月，那时我们就带老百姓一起堵堤。

后来安庆成立了地委干校，建立了青年团，蚌埠成立了皖北军事政治干部学校。我先是被调到安庆地委干校，在那待了两个月。因为学校被江水包围，实在办不下去了，就合并到蚌埠皖北军事政治干部学校。后来我们这些人就从安庆到南京，又从南京到蚌埠，到了皖北军事政治干校，自此我就调到了部队。那时候有一个文工队到军政干校学习，我被调到文工队当区队长。1950年9月，学校搬到合肥并改为皖北军区，1951年改为教导团，后改为十六步兵学校，1952年又改为安徽军区文化速成小学，最后变成第六步兵预备学校。我在那里待了几年，一直到1958年。安徽新建了安徽大学、合肥师院、合肥工业大学，这些学校都需要干部，所以我在合肥就地转业。

转业以后，我就到合肥师院来了，在生物系当秘书。从那时起直到"文革"爆发后，我从合肥师院下放到淮北、阜阳。我是从1969年开始下放的，1974年回到学校。那时候合肥师院部分系科已并到位于芜湖的安徽工农大学，并于1972年改名为安徽师大。回校以后，学校把我调到校农场当场长，我当了十年场长，从1974年起到1984年离休。我的工作经历大概就是这样。

采访者：您是1958年来到合肥师院的吗？那您一开始是做什么工作呢？

杨炜：我是1958年来合肥师院的，先在生物系当秘书，后在总务处生产劳动科当科长。1958年"大跃进"搞生产，我们把地都分给学生种菜，教师也种菜。

那个时候我们合肥师院的校长很重视种菜，因为那么多学生要吃饭、吃菜。我们种的菜成熟了就送到食堂去，食堂天天早上去卖菜，街上很多老百姓都来这里买菜。那时候学生种菜很卖力，学校卖菜，学生收钱，卖菜钱学生拿一些，交班费一些，学校收一些。

1969年，我从合肥师院下放到阜阳的插花公社冉庙大队，那时候除了我的大女儿被下放到贵池，我的二女儿、三女儿以及我老伴，四个人都到这里了，一共生活了五年。我们下放时也供应粮食，比老百姓好些。

采访者："大跃进"期间，就是1958年那一段时间，学生跟教师都要参与大生产吗？那他们上不上课呢？

杨炜：学生要种菜，吃不了的菜还能卖钱。卖菜的钱也分给学生一部分，班上是有劳动委员，给学生的补助是由生活委员发的；另外拿出一部分做班费；还有一部分上交学校，因为他们用的生产工具是学校的。那个时候学生一边上课，一边劳动，以上课为主，分到的劳动任务也很简单。

采访者：1966年"文革"爆发了，您是1969年被下放的，这三年期间您都经历了什么？您有什么印象深刻的事情吗？

杨炜：这三年期间，我在生物系工作了半年，从1958年下半年起到1959

年当生产劳动科科长，1964年下半年调到图书馆阅览室，1969年我从图书馆被下放，回校后，我被调到校农场，当了十年农场场长。印象最深刻的事情，就是"文革"时期我被下放到地里劳动。

采访者：您是什么时候被调回来的呢？

杨炜：我是1974年被调回来的，直接去了学校农场，直到1984年离休。当时学校有一个大农场和一个小农场。现在学校没有农场了，以前有学生学工、学农，学工到工厂去，学农就到学校的农场去。那时学校经济很拮据，农场收割小麦、小米等，用以改善教职工的生活。生物系还在农场搞过试验田。

采访者：您在安徽师大工作期间印象最深的事是什么？

杨炜："文革"期间学校干部大多被下放，有的被下放到淮北，有的被下放到芜湖县。我下放时的工作是在农场安排学生劳动，每个礼拜公布一次劳动情况，到图书馆张贴劳动计划。

那个时候，学校支持农场建设，还采取了一些措施，如要求家家送粪、肥料等到农场去。干部每年必须到农场劳动，学生以班级为单位，按计划到农场参加劳动。我在校农场干了十年，最后几年农场包给了老百姓，让农民承包。"文革"期间学校还强调学工、学农。那时候我也要劳动，劳动光荣。

采访者：抗战时期，日本军国主义给中华民族带来沉痛灾难，让无数本来幸福的家庭支离破碎。据我们了解，您家里也有人曾受过侵华日军的残酷迫害，可以介绍一下这方面的情况吗？

杨炜：一提到侵华日军，我们家的所有成员都会很愤怒，因为我的几个亲人都是被侵华日军杀害的。侵华日军把我的一个表哥抓到风陵渡的山芋窖，用刺刀将其残害致死。我的姨母被日军杀害时才32岁。我那时11岁，在记事本上记下了此事，所以久久不能忘记。那次日本人到她的村里去抓人，村民都跑出村子上山避难，姨母从家里跑出来了，可为了给80岁的婆婆拿衣服，又返回村里，就在北曲这个地方被日军发现后杀害了。我的表舅抱着小孩逃难到山沟里时被日本人打死了，所以这是永远难忘的国难家仇。我后来参军入伍时，我的表哥不让我当兵，那时他在学校学医，他说一旦上了战场，就有牺牲的可能。我当时只有三个想法，一个就是牺牲了回不来，一个就是打残废回来，一个就是健全地活着回来。我坚信要是我牺牲了，就是抗战烈士，这也是光荣的事情。当时我就是抱这个想法去当兵的，这正是国难家仇心相系。早在我们上小学的时候，老师就告诉我们日本侵占朝鲜和东北以及杀人放火的滔天罪行，而且我们的家乡被日军侵占了很多年，我的几个亲人被日军杀害，侵华日军犯下的这些罪行，都深深印刻在我的脑海中。抗战时期我负过伤，解放战争时期我当过解放军扛过枪，但是没有去朝鲜抗美援朝。

我的父亲曾被日军打了三次，那时他在村里当闾长。原本不是这样的情况，侵华日军于1938年7月打到我们风陵渡，后来又退到运城。国民党施行救济，由村闾长组织发放救济券，因为我们洞口村离风陵渡只有10华里（1华里=0.5公里），国民党的部队到我们这个村后没有继续前进，再前进距离日军就很近了，所以我爸爸当闾长时需要两面支应。国民党来了他要支应，日本人来了他也要支应。

那个时候民间用鸡毛信传递情报。国民党有个情报人员叫吕茂才，他在洞口村把写好的信交给闾长，由闾长交给老百姓送到另外一村去，这样一村传一村，待传过了三四个村子后，一个送信人遇到了日本兵，丢掉鸡毛信跑了。日本兵找到信后，知道是洞口村的国民党情报员吕茂才干的，就到洞口村来抓他。结果他被日本兵抓走，并说是闾长让他给日本人送劈柴的，没多久日本人就闯进我家抓闾长了。日本人把我爸爸捆起来灌水，还在他身上又踩又打，我奶奶就在旁边哭。我们家住在黄河边，当时黄河那边一声枪响，日本兵既惊又怕，带着我父亲赶快跑了。

我的一个哥哥是开杂货铺的，因为无法招架国民党的敲诈盘剥，就跑到风陵渡，在日本人的维持会里工作，他的主要任务就是给日本人和国民党送东西。我爸被日本人带到风陵渡后，我哥知道后，就和日本人解释了一番，日本人就把我爸放回来了。回来后他就不当闾长了，去了永乐镇合作社里工作。我们风陵渡被日军砸了，我爸他们火车站的铁路合作社就负责收集火车的玻璃窗户、铁箱板等，并安排把它们运到大后方去。他在这个合作社工作了一段时间。我爸虽然是农民出身，但他自小就开始做生意，曾在盐店里当先生记账，所以他的算盘打得好，字写得也蛮好看。他是在芜湖去世的，家人将其骨灰送回山西老家安葬。

采访者： 您在生物系的职务是什么？

杨炜： 当行政秘书。生物系有一个生物园，学生有学动物的，也有学农业的，学动物的要进行鱼、兔子、青蛙等动物的解剖，那个时候我们就负责购买这些动物供解剖用；学农业的在农场要做试验田，需要化肥、种子，我们就给他们买化肥、买种子。我觉得现在的大学生加强了理论课和思想政治课的学习，劳动实践教育反而受到一定程度的削弱。

时任生物系主任江值堂，是徽州人，他负责学校的绿化工作。校园里有很多桃树、柳树，可以说是桃柳成行，都是那时栽种的。在绿化方面，他做出了很大的贡献，他有想法也有做法，即在冬天挖个深坑，填好肥料，把生土变成熟土，到了第二年再栽树。

采访者：您对我们学校未来的发展有什么建议吗？

杨炜：安徽师大现在学科门类齐全，已形成不同层次、不同类型的人才培养体系，但这方面我了解得就少了。我刚来的时候，历史系的秘书叫檀香元，后来到机电学院当副书记，再后来到教育学院当纪委书记，现在在合肥那边。我们学校要加强思想政治教育，另外，我看我们学校的辅导员工作也要继续加强。

袁起河先生访谈录

采 访 时 间：2017年6月29日

采 访 地 点：赭山校区退休教师活动中心

受 访 人：袁起河

采 访 人：王京京　王　芹

整 理 人：林　萍　黄　涛

　　　　　董　琦　卜　钰

袁起河，男，1934年9月生，安徽全椒人，中共党员，副研究员。1956年在安徽省中学教师进修学院学习后，留校任合肥师范专科学校党办秘书等。1958年至1962年在合肥师院夜大学中文系学习。1970年起在安徽工农大学、安徽师大任职，历任安徽师大群工组长、团委书记、党委宣传部部长、党办主任、党委副书记等。退休后先后担任校关工委常务副主任、顾问。迄今发表论文20余篇。

采访者：老师您好！据我们了解，您曾力主建立高校德育教研机构，您能谈谈原因以及这方面的情况吗？

袁起河："文革"后，学生思想很不稳定，教学要走上正轨，学校有许多工作要做，那又该从何处抓起？经慎重考虑，学校党委宣传部向校党委报告，为实现思想教育工作科学化，学校成立德育教研室，与马列主义教研室并列，侧重从理论和实际的结合上对学生进行思想政治教育，并且下设"形势与政策""大学生思想品德修养""法律常识"三个课题组，每组配一名专职教师，其他成员大部分由各系专、兼职辅导员担任。学校党委及时批准成立德育教研室，并强调三门课程与马列课程一并纳入学校教学计划，在一、二年级中开设。

为了适应工作与教学需要，学校举办了德育教师培训班，请北京师范大学教授教学，同时编写德育教材。我校的这些做法，得到安徽省教委的大力支持，安徽省教委将我校确定为全省高校德育教师培训和德育课程教材编写基地。我们的这一做法正好符合国家教委的初衷，为后来学校获得教育部辅导员培训基地打下了基础。如今德育教研室与马列主义教研室一同被并入马克思主义学院，全校德育教学由该学院统一组织实施。

采访者：在您的共青团工作经历中，难忘的事是什么？

袁起河：十年"文革"，中国共青团受到冲击。1973年1月，我们趁有利之机召开了第三次团代会，军代表、校党委副书记孙传文兼任团委书记，我作为干部代表担任团委副书记，主持日常工作。那个时期我们学校是全省高校中最早恢复共青团组织活动的学校。1974年我奉命去南陵县带领下放知青，其间，学校召开了第四次团代会，选举崔瑞荃为团委书记。1975年我回校后，先任党办秘书，1978年调任宣传部副部长兼校团委书记。1983年6月，由我主持召开了第六次团代会，大会选举张伟为团委书记。随后我又在宣传部和党委办公室工作，1991年任校党委副书记，又分管校团工作并兼任团校校长，直至退休。由此可见，我与共青团有不解之缘，回顾这段历史，有许多值得追忆的事。

第一，20世纪70年代初工农兵学员入校，出现了几位反逆流勇士。如外语系学生陆军对现状不满写出打油诗，这代表了广大学生的心声，但也因此受到批评处理；化学系学生胡功符因在附属中学墙上刷写大标语而入狱。这些问题都在粉碎"四人帮"之后得到妥善解决。

第二，党的十一届三中全会后，人们获得了第二次解放，共青团也迎来春天，各项工作进展顺利，如虎添翼。

1979年上半年开始，为了恢复正常的教学秩序，校团委围绕党的中心任务，开展了以"遵纪、守法、讲文明"为主要内容的共产主义道德风尚教育，成绩显著。年底，团省委在芜湖召开全省大学团委书记会议，我校作了道德风尚教育活动成果介绍，与会代表参观了历史系文物陈列馆，观看了体育系学生体操表演，并在东大操场合影。我校共青团工作给全省高校团委留下了深刻的印象。

1980年2月，共青团全国学校工作会议在南京召开，因我校团委开展道德风尚教育活动成绩喜人被特邀入会，并被安排作大会发言，发言受到团中央领导和与会者的一致好评。这次大会发言人只有四名，除了我校，还有西北大学、南京铁道医学院和一名中学生代表，我校被排在第一位。南京铁道医学院团委书记朱小蔓原是我校团委副书记，她的发言也备受好评，与会代表赞扬她时，她说："我讲的这一套都是从我的母校安徽师范大学带过来的。"我听后倍感欣慰！同年11月，安徽省教委、体委和卫生厅在淮南召开学校体育卫生工作会议，我校团委获得体育卫生先进集体称号，奖得锦旗一面，并安排我作大会发言。在全省教、体、卫主管部门召开的会议上，校团委被评选为先进集体，这是安徽师大共青团的光荣。

1981年8月13—16日，全国学联主席团扩大会议由团中央主持在我校小礼堂举行，全国学联新老主席、委员，各省学联主席及部分高校代表共58人出席，团中央学校部部长王炽昌及前学联主席伍绍祖出席。我校学生会因成绩突出被特邀与会并作大会发言，校学生会主席邓广富的题为《代表学生利益更要维护党的领导——我们是怎样处理这两者关系的》的发言受到大会的一致好评。当年8月30日，《安徽日报》全文刊载发言稿，随后，全国学联刊物《学运通讯》也全文转载。对此，省高教局局长陈韧和校党委书记沙流辉均给予很高评价。

由于校党委重视，共青团、学生会工作有力，20世纪80年代初，我校团委、学生会进入了成果丰收期：

1980年1月，团中央书记周鹏程率员来我校考察；同年2月，由省高教局、团省委主办的高校开展道德风尚教育活动评比中，我校被评为先进集体，获"发扬共产主义道德风尚，努力培育四有建设人才"旗帜。

1981年12月，我校11名学生被省高教局、团省委授予三好学生、优秀学生干部称号。

1982年2月，我校数学系79级（2班）被团中央、教育部授予三好先进集体；同年6月，因"文明礼貌月"活动成绩突出，我校被省委、省政府授予先进集体，历史系团总支被团省委授予先进集体。

1983年9月，我校学生会主席出席全国学联第二十次代表大会，我校当选为全国学联委员单位。

1984年，我校涌现全国新长征突击手1名，全国文体先进集体1个，全国三好集体1个；省新长征突击队1个，省新长征突击手3名，省级三好集体1个，省级三好学生22名。

1985年11月，团省委书记刘奇葆来校检查学生思想政治工作。

1986年，在安徽省大中学校三好学生、优秀学生干部及先进集体表彰大会上，我校12名学生和政教系83级受到大会表彰。

我校学生组织的"三下乡"社会实践活动，从1990年以来，年年被评选为全国先进集体，受到中宣部、教育部和团中央表彰。

采访者：请谈谈在您过去的党务和思想政治教育工作中，令您难忘的人和事。

袁起河：20世纪八九十年代，我校各项工作进入平稳发展时期，值得回忆的人和事很多。给我印象最深、让我难忘的有这几件事：

一是1980年，经校党委批准成立德育教研室，将三门德育课程纳入学校教学计划，这些前面已详谈，不再赘述。

二是1993年秋季，在全省共青团工作大检查中，学校总结经验，率先将校团委升格为正处级建制（此前高校团委都是副处级建制）。对此，省委教育工委、团省委非常赞成，下文向全省各高校推荐我们的做法，这对加强全省各高校共青团建设起了积极促进作用。

三是制定并实施校党委《关于加强辅导员队伍建设的决定》（以下简称《决定》）（师发〔1993〕51号文件）。1993年，由学工部起草，校党委数次讨论，这个《决定》正式定稿实施，它对队伍的选拔、培养、使用、待遇和归宿等都作了明确规定，这对辅导员队伍的稳定和建设起了积极作用。当时，教育部高级行政学院在他们院刊上全文转载了我校党委1993年第51号文件。

四是1993年下半年，共青团安徽省委在全省大专院校开展科技作品创作大赛。事实上，这方面我们学校并不占优势，但我们高度重视，校团委广泛发动，认真组织，积极提供参赛作品，最终获总分第一。大赛总结表彰大会在省电视大学演播厅举行，省电视台直播，师大人备受鼓舞，校团委更为喜悦。

五是1994年国庆节前夕，共青团安徽省委主办的安徽省高校"第六届大学生之春"文艺汇演，决赛在安徽大学礼堂举行。我校自编自导的三人舞《红烛颂》参赛。广大观众和省直机关干部对这个节目很感兴趣，尤其是省委宣传部和省教委领导都给予很高评价。最后经大赛评委会评定，决赛节目公共组的《红烛颂》与我校艺术学院的舞蹈双双夺魁。

六是我退休后参加校关工委工作20多年，2001—2010年主持校关工委日常工作。在21世纪的头十年中，我校关工委上了四个台阶：2004—2010年先后获得省教育系统、省关工委、教育部关工委、中国关工委先进集体荣誉，2016年校关工委又一次获得中国关工委先进集体，如此丰收，这在全国高校是不多见的。又如，2008年，安徽省关工委与安徽日报联合主办"沐浴改革开放阳光幸福成长"青年征文大赛。在校团委支持下，同学们踊跃投稿，终获一等奖1名，二等奖1名，三等奖5名。如此成绩，在全省只有我们安徽师大，并且给主办方留下了很深的印象，这在全省也有一定影响。

采访者：这些印象深刻的人和事中哪个人或哪件事给您留下的印象最深？

袁起河：由于工作关系，我接触的人很多，从何处谈起呢？这里我想着重说说1971—1991年这20年间，学校党委三任老书记的履职风范、决策胆识和担当精神，因为他们的作为给我留下了深刻的印象。同时，我认为，在庆祝安徽师大成立90周年之际，面对学校今日之辉煌，我们绝不能忘记这几位老书记付出的艰辛和做出的贡献。

魏心一：1971年4月至1977年9月，任我校革委会主任，校党委副书记、书记。他20世纪50年代起就是安徽省宣传文化教育界的老领导，老练持重，办事一步一个脚印，特别是他的领导艺术和关爱下级的赤诚之心，令我校众多老同志终生难忘。粉碎"四人帮"后，工宣队、军宣队逐步撤离学校，魏心一同志上任后所抓的大事，有以下几件令人难忘：

第一件是整顿校园秩序和建设新的东大门。学校决定自学生宿舍一号楼向北上山直到淮海村，垒砌两米高大片石围墙，把校园和赭山公园分开。动工前，魏书记亲自去市里与有关领导面商，望得到理解与支持，谁知市里领导不同意，魏书记坚持自己的观点，最后将围墙垒起来了。紧接着又将老的东大门向东延伸，使其面对镜湖，背靠赭山，并亲自主持设计了东大门的蓝图，以此实现了几代安徽师大人的愿望。

第二件是谨慎稳妥地解决峄山农场的难题。安徽师大老者尽人皆知，"文革"前夕，学校在宣城西南山区经营数百亩山地，称之为安徽师大峄山农场，将其作为学农基地。1970年工农兵学员入学后，生物系、政教系、外语系和中文系在那里办学，与此同时，全校教职工实行"三三制"，轮流到那里去劳动锻炼或举办各种学习班。结果每年拨给学校的经费仅够维持师生员工的生活费用，别的开支就没有了，峄山农场成了安徽师大党政领导班子的一大难题。在解决这个问题上，领导班子有重大分歧：有人主张下决心甩掉这个包袱；有人主张在宣城北面水阳江旁利用荒地另办一个叫白马荡的农场，由它来代替峄山农场。魏书记沉着应对，冷静处理，一等再等，直到工宣队、军宣队全部撤离学校后，才在一次学校党委扩大会议上果断做出决定，甩掉峄山农场，也不办白马荡农场，生物系回到横埠农场办学，政教系、中文系和外语系回生化楼，又过了两年，政教系、中文系搬到一大楼办公，生物系由横埠农场回到生化楼。这一系列问题和难题都是魏书记广泛听取群众意见，再经校党委班子统一认识后，果断决定并妥善解决的。这两件事的解决，为学校后来的发展打下了良好的基础。

第三件是魏书记晚年时还亲临学校，强调要维护好东大门。2008年北京奥运火炬传到芜湖，当火炬接力队伍走到安徽师大东大门时，数百名大学生齐集门前高呼，门头上郭沫若先生题写的"安徽师范大学"六个金色大字熠熠生辉。此时，《人民日报》和《安徽日报》的记者，纷纷按下快门，次日，两报以安徽师大东大门为背景的大幅照片，跃然纸上。如今这座大门巍然屹立在赭山脚下与镜湖之滨，大门前车水马龙，人来人往，生机盎然。

第四件是魏书记平易近人，体贴下级。有一件鲜为人知的事，让我至今难忘。1975年秋，魏书记因公要出差去池州、安庆，嘱我随行，金师傅开车（解放战争中缴获的一辆美式破车，当时为学校仅有）。车子一路上几次抛锚，尤其是在南陵至青阳段，汽车熄火，暴风雨就要来临，金师傅急着仰卧在地，缩到汽车底盘下修理，不慎额部受伤，鲜血外流。魏书记心痛，亲手帮忙包扎。接着金师傅操盘发动，我跟魏书记在车后紧推，直到发动才松手。到了池州、安庆，魏书记首先到市委驾驶班请师傅帮忙修车。回校后，魏书记又亲自去合肥向相关领导反映，随后省政府拨了一辆上海牌小车供校领导外出办公使用。

沙流辉：1978年7月至1983年10月，先后任校党委副书记、校长、书记。他履职后，以前任魏心一为榜样，集中精力抓党的建设和干部队伍建设，时隔11年，召开了第四次党员代表大会，他做了《同心同德　团结前进，为把安徽师范大学办成具有先进水平和特色的社会主义大学而奋斗》的工作报告。这次会议对学校的发展战略作了精心研究与部署，会后成立了马列主义教研室、德育教研室、体育教研室，充分调动校长和党政职能部门以及全校员工的积极性，大力提高教育质量。在那一个时期，校长、老专家叶钟文以及分管教学工作的副校长均长期沉在教务处办公，对教学实行面对面指导，副校长许用思拄着拐棍坚持下班级听课。功夫不负有心人，经过几年的不懈奋斗，我校取得了可喜的成效，突出表现在三个方面：一是本科生四级英语全国统考通过率高；二是本科生考研录取率高；三是科学研究成果被国外SCI机构收录率高，且均居全国同类院校前列，在东南10所省级同类院校以至全国省级同类院校，均获一致好评。

20世纪30年代初，沙流辉同志曾留学日本，后因反对日本侵华而回国奔赴延安，他对延安精神既言传又身教。20世纪70年代末80年代初，学校出现"五届同堂"的现象。我校本科学制是四年，正常情况下，每年夏季毕业一届，秋季招收一届，教学、生活设施刚好周转使用，可是因考试制度改革，

1977级学生改为春季入学，导致1977—1981级五届学生同时住校，给教学及生活用房带来很大困难。这种现象被称为"五届同堂"。本来"文革"中两校合并，教学、生活用房就极为紧张，这次赶上学生"五届同堂"怎么办？沙书记发扬延安精神，要住房，挖潜力。学校采取挖潜、挖潜、再挖潜的方法，让学生住大礼堂、体操房，青年教师住二大楼，有的教师住在白衣庵（旧时尼姑住所），再不够就建平房。为了把学校行政楼让给教学使用，校领导在行政楼旁建了一排草房办公。沙书记带头，其他领导如1925年参加革命的张俊杰、1938年参加革命的杨志等同志以及党办、校办和工会等部门的同志也都紧紧跟上，共同在草房办公。安徽师大解决"五届同堂"的行动，深深感动了当时分管教育的副省长王厚宏。一次他带着秘书和几位工作人员来到学校，不惊动校领导，只要求党委办公室派一位向导，带他到校园内走走看看，看安徽师大的领导是怎样克服困难解决好学生"五届同堂"问题的，最后王厚宏副省长还带着年轻的秘书到校领导办公的那排草房的各个办公室查看。

杨新生：1983年10月至1991年12月任校党委书记，其间当选第四、五届中共安徽省委委员。杨新生同志接任后不负众望，坚持以前两任为榜样，以教学为中心，注重调动一切积极因素，继续提高教学质量。首先推行教学责任制，给主讲教师颁发教学任务书，同时，加强党的建设和思想政治工作，在全校开展评比教学质量优秀奖和教书育人、管理育人、服务育人"三育人"优秀奖，较好地调动了各方面的积极性，使前任获得的"三项"指标得以继续维系。接着，召开第五次党员代表大会，对未来五年奋斗目标和各项工作都做了精心部署，强调教育要"三个面向"，培养合格师资，为振兴安徽教育、经济和社会发展做出新的更大贡献。最后，校党委紧紧依靠各级党组织和广大干部，使学校改革和各项工作持续健康发展。

杨新生同志履职后碰到的突出问题，还是历史遗留的教职员工住房极为紧缺的问题，许多教学、科研骨干因此而陆续外流，这个问题解决不好，校无宁日，而解决这个问题的关键在经费。所以他建议学校力主自力更生，由学校自筹经费，每年建两栋楼房，改善一批骨干教师住房条件，这样经过几年努力，教职工的住房条件定会大大改善，他的建议得到了党政班子的一致认可。如今校园内路中、路西至少有七栋六层楼房（216套），还有山上的两座三层楼房，都是那几年学校自筹经费建造的，解决了200多户住房困难问题，稳定了一大批教学、科研骨干。这批房子能够建成使用在当时是非常不容易的。

杨新生同志作为安徽师大的后生，把培养他成长成才的老师时刻放在心上，极为关心他们的治学与身体健康。在他任职期间，不用说如今的空调，就是电风扇也寥寥无几，每到盛暑，他首先想到的是宛敏灏、卫仲璠、张涤华等老前辈怎么度夏，接着就和相关部门商量能否在就近的防空洞为他们准备一个房间，请几位老教授到那里去纳凉。他的愿望实现了，老教授们感激不尽。1990年，杨新生同志奉命调去省委教育工委工作，但仍担任安徽师大党委书记一职，在那一两年内，每逢国庆或春节，他都要回到学校看望离退休老干部、老教授，甚至在大年三十这天去看望住院的老干部、老教授。有位老教授激动不已，他说："杨书记年三十来看我们，给我们增添了精神力量，这比吃药还来劲！"

采访者：对于安徽师大的建设，还有安徽师大的发展，您有什么建议吗？

袁起河：学校的领导班子工作很好，尤其是第十次党代表大会以来，学校办学效益显著提高，教学及各项工作平稳发展，呈现一派祥和景象。我认为学校要出名，不仅要重视规模，更要讲究质量，扬长避短，办出特色，要向全国重点师范大学看齐。

要稳住规模，使现有的校区各展所长，尤其要充分利用赭山校区的资源优势、学校师资优势以及招收学生的资历优势，着力创新师范教育，把赭山校区的国际教育学院、教育科学学院办得热火朝天。这样，既有经济效益，又有国际影响力。

采访者：在采访的最后，您还有什么要说的话吗？

袁起河：我出生在皖东丘陵小山村一个世代务农的农民家庭，1950年加入中国共青团，从农村来到城市，1959年加入中国共产党，从一名师范生成长为大学的一名干部，而且终身在大学工作。我在年轻时曾获得先进工作者称号；中年时被评为校级"三育人"先进个人；退休后，因开展关心下一代工作有效，被评为校级优秀党员，随之又获得校党委授予的贡献奖和省教育厅关工委、安徽省关工委颁发的突出贡献奖。过去所做的工作都是在党的领导下进行的，这一切都是党培养教育的结果，没有党的培养教育，就没有今天的我，所以我今生今世，都会牢记党对我的关爱之情、哺育之恩。

臧宏先生访谈录

采访时间：2017年7月2日

采访地点：臧宏先生寓所

受 访 人：臧　宏

采 访 人：李海洋　韩白瑜

整 理 人：房建新

臧宏，男，1933年3月生，江苏宿迁人，中共党员，教授。1954年从山东政治学校分配到安徽师院工作，1956年入复旦大学哲学系研究生班进修，后回校任教。曾任中国哲学史学会理事、安徽省哲学学会常务理事、安徽省中哲史研究会会长等，享受国务院特殊津贴。曾获全国普通高校优秀教学成果国家级二等奖。2017年获得安徽师大第三届终身成就奖。

采访者：老师您好！您是江苏宿迁人吗？您是如何来到安徽师大的呢？

臧宏：我是江苏宿迁人。我是山东政治学校首届春季班的毕业生，和我一起分配来的，还有方永祥、孟凡炳、蒋茂华、蔡敬佩，现在方永祥、蒋茂华、蔡敬佩三人已经去世。当时分配至高校的条件，一是要学习好的，二是要年龄偏大的，我们几个被分配来这里，可能是符合这两条的缘故吧！当时，离春节不远，他们四位都回家过年了，只有我因离家远、经济状况不佳又住在农村，便直接来学校报到了。

首先，我记得，送我来报到的，是上海军管会的一位处长，他一路上对我呵护有加，令我久久难以忘怀。

其次，我记得，下火车来学校报到时，乘坐的是人力车。我告诉车夫，要到安徽师院去，未想到，他一口气把我拉到金马门旁边的芜湖师范学校去了。我对他说，你怎么把我拉到这个地方来，这不是师范学院，是师范学校！他说，芜湖人只知有安徽大学，不知有什么学院！无奈，只好折回头，哪知上了公交车，又把我拉到狮子山去了。一位老师告诉我，这是安徽大学二部，本部在赭山，你应当问安徽大学本部在哪里才对。所以来安徽师院是多么不容易啊，屈指算一下，整整花去了我一上午的时间。

再次，我记得，当我走进安徽大学时，它一是无围墙，校外的人特别是农民和小商贩，可以随便出入；二是无像样的门和路，除了由南大门通往赭山广济寺后门的一条水泥路比较直，伫立在这条路上的类似牌坊的门楼上横镶着的"安徽大学"四个字比较引人注目外，其余的门和路，只能用"邪门歪道"来表述；三是房子又少又陈旧，除了日本宪兵队留下的三座二层楼房，其余的大多是多年失修的平房，这种雨天中"外面不下里面还下"的房子可以说比比皆是。说到开会用的那个大礼堂，与其叫它"大礼堂"，不如叫它"大瓦棚"，因为它确实就是由日本宪兵队的马棚改造而成，房子很低，光线很暗，实在不是开会用的合适的场所。

我记得，报到时，接待我的，是校长办公室的一位负责人，记不清他的姓名了。他对我很热情，不仅把我送到招待所住下，而且告诉我生活起居方面的诸多事项，他怕我一个人在这里过春节寂寞，还一一将芜湖市的主要影院和书店告知了我。最使我难忘的是，他陪我观看了学校举办的除夕晚会，这大大地增强了我对安徽的好感。正是这个晚会，使我认识到，安徽不仅出名人，而且出令人百听不厌的名戏曲——黄梅戏，也正是这个晚会，使我学会如何看安徽。看安徽，关键不是看他的物质表层，而要看他的文化底蕴。我之所以安心在安徽奉献一辈子，应当说与这一因缘是分不开的。

最后，我记得，使我最为兴奋的一件事就是，为我们分配来的一行五人而开的欢迎会。当时负责全校学生思想政治教育的"政治教育委员会"（后来称马列主义教研室）的负责人章振邦先生，在会上发表了热情洋溢的讲话，他认为我们的到来是及时雨，是雪中送炭。从他对学校的教师、教学等情况的介绍中，我深深感到，这个学校有这样几个"多"和"少"：一是转行的多，学马列专业的少；二是年老的多，年轻的少；三是男教师多，女教师少。我也深深感到，这个学校的突出长处，就是对青年教师非常关怀。当时在这个学校任教的，达花甲之年的就有四五位，如詹云青、孙膺武、章心焯等教师。这些老先生十分关心青年教师，当得知我一人在学校过春节时，便先后来招待所，要我到他们家中过年，他们的这种关爱，我将永系心间。另外，我还深深感到，这个学校的另一突出长处，就是十分重视教学。诚如章振邦先生在讲话中所强调的，培养青年助教，是提高和保证大学教学质量的基础工程，一点马虎不得。因此，毕业的本科大学生必须安心和认真地做好四年助教辅导工作，才能开始上讲台，专科生要当六年助教才能开始讲课。另外，助教要全堂跟听指导教师讲授的课程，要认真、系统、有计划地学习本专业要求的内容，并在听课、辅导、进修的过程中，学会写讲稿、写论文。我认为，章振邦先生所讲的这番话，在今天仍有着重要的参考价值。

采访者：您几十年从事教学工作，能跟我们分享一下您独到的教学见解吗？

臧宏：我有一篇文章《我的教学观》，刊于《安徽师范大学学报》（人文社会科学版）2004年第4期，可以回答你的这个问题。该文影响较大，曾被许多刊物转载，直到现在，它的一些观点还在为不少研究者所引用。我在这里只想讲其中的三个主要之点，供大家参考。

先说第一个主要之点，即教学是一个矛盾的统一体，教与学是对立的统一。马克思说过"教育者首先要受教育"，韩愈说过"弟子不必不如师，师不必贤于弟子。闻道有先后，术业有专攻，如此而已"。只要有教学实践经验的人，就会对这个观点深信不疑。我教了20多年马克思主义哲学之后，大有难以深入下去之感，后来着重地研究了中国哲学史、西方哲学史和自然科学史，才开始对哲学的奥秘有所领悟。一位苏联专家在复旦大学哲学系给我们讲课时说："研究哲学的人，如果不学哲学史、科学史，不掌握具体科学知识，不熟悉各个时代脉搏，缺乏人生体验，那么用句上海话来说，就是'哲学的瘪三'。"直到今天，这话仍不时地盘旋在我的耳边。它深刻地告诉我们，教与学是矛盾着的两方面，作为矛盾主要方面的教师，要使这两方面结合起来，达到对立的统一，必须既当先生又当学生，而且首先要当学生。韩愈将"传道""授业""解惑"这六个字看成是教师的天职，必须看到，这六个字不仅是一门大学问，更是一门高超的艺术，不下一番苦功夫，是难以收到好效果的。因为你要"传道"，就要了解学生在世界观和人生观方面存在的问题；你要"授业"，就要了解学生的学习态度、学习方法以及专业基础知识等方面的情况；你要"解惑"，就要弄清学生"惑"在什么地方，是少数人"惑"，还是多数人"惑"。而要做到这些，就要向学生做调查，调查的过程就是向学生学习的过程。

再说第二个主要之点，即要牢牢抓住教学过程中的前提、关键或核心——备课。一个完整的教学过程包括备课、讲授、答疑、讨论、搜集教学反应等诸多环节。我认为，其中备课一环最为重要，可以说是整个教学过程的前提、关键或核心，直接关系到整个教学过程的成败。试想：一个不认真备课的教师，他能讲好课吗？能给学生以满意的答疑吗？能得到学生的好评吗？显然是不能的！不过，也有不少教师反映，教学与科研是存在矛盾的，如果在备课上用的时间过多了，那用在科研、用在写文章上的时间就少了，这确实是一个矛盾。但是，我认为，大学教师不做科研就不能提高教学质量，而离开教学去做科研，就会削弱科研的意义。有人说"某某教师科研不行，而书却教得很好"，我向来不赞成这样的说法。正确的态度是，要找到解决这一矛盾的合适的方法。根据我的经验，要把备课的过程看作进行科研的过程，就是最好的方法。如果能按照教学大纲规定的章节内容，将其中的问题逐一加以研究，写出有自己见解的讲稿，这就不是单纯的备课，而是把备课与科研结合起来了。比如，在讲授马克思主义哲学这门课程的"绪论"或"导言"时，当讲哲学的根本问题时，可以收集并研究有关这个问题的专家的经典言论和价值较高的学术论文，最后形成自己的结论，并以讲稿的形式把它叙述出来。在写讲稿时，要尽量用自己的语言，要讲究逻辑性，讲究表达技巧，要反复修改。最后一点很重要，我的讲稿是年年修改，经常翻新的。我认为，能如此备课，会带来许多好处：一是使我们学会如何去占有资料，掌握更多的参考文献；二是提高我们的阅读能力，以后再遇到相同问题的文章时就可以"一目十行"了；三是锻炼我们的分析综合能力、独立思考能力和写作能力。这些能力有了提高，不仅会写文章，而且写出的文章发表率也高。所以按照这样的方法去备课，去讲课，其教学质量一定是高的，教学效果也一定是好的。总之，作为一名高校教师，他一定要解决好教学与科研的矛盾。

最后说第三个主要之点，就是教书与育人的关系。我认为，首先的也是最重要的，是教学与教育的关系。教书即教学，它是育人的一种形式。育人即教育，它是培养德、智、体、美、劳全面发展的人，它的实现形式多种多样，教书或教学只是其中的一种。就是说，教学与教育是既有区别又有联系的，从教育来说，要求把德育、智育、体育、美育、劳动有机地结合来培养全面发展的人。这里最关键的是，要使人们真正地树立正确的世界观和人生观，这是教育的核心问题。但要注意，这里的德育不只是指世界观教育，也不只是指伦理道德教育，更不只是指思想政治教育。我国古代的哲学家、思想家都是教育家，大多是从事教学活动的人，他们教书是为了育人，是为了造就完美人格的人。儒家要造就"圣人"，道家要造就"真人"，佛家要造就"佛"即觉悟的人。圣人也好，真人也好，佛即觉悟的人也好，都是指全面发展的人，用孔子的话说，都是指"成人"。孔子对"成人"有这样的描述："若臧武仲之知，公绰之不欲，卞庄子之勇，冉求之艺，文之以礼乐，亦可以为成人矣。"（《论语·宪问》）就是说，有了臧武仲的智慧，公绰的廉洁，卞庄子的勇敢，冉求的才艺，还须加上礼乐的修饰，才可造就完美的人格。孔子的这一思想，后来被荀子、柳宗元、王夫之发挥成系统的学说，即"成人之道"。于此我们看到，教书或教学是实现育人或教育的一种形式，它应以育人或教育为目的，应当为培养全面发展的人服务。教书与育人，除了涉及教学与教育的关系，还涉及知识与智慧的关系、做学问与做人的关系等。只因受时间限制，不能一一细讲，有点遗憾！所幸有的问题过去已经讲过，如《智慧比知识更重要》就是讲知识与智慧关系的，已收在《安徽师范大学建校70周年论文集》（A集）中，大家可以查阅。关于做学问与做人的关系，我认为，做学问和做人是一而二、二而一的关系。从实践的角度看，做人就是做学问；从认识的角度看，做学问就是做人。因为我们所说的"做学问"，不只是求知识，还要树立正确的世界观和人生观，即要学会做人的大道理；同样的，我们所说的"做人"，是要做真、善、美统一的人，即全面发展的人。这样的人，要通过做学问去达到，一个全面发展的人，实际上就是一个有学问的人。对此，我国古代的哲人已有明确的认识，这样的例子在《论语》中比比皆是。

采访者： 您对我们安徽师大青年学生有什么建议吗？

臧宏： 1999年，我从工作岗位上退下来，整整有18个年头了，在这期间，我是一直关心大学生的学习的，如参加学校关工委的报告团，定期给大学生开国学讲座，借以提高他们对中华文化的自信心。又如我一直给学院中国哲学硕士研究生讲先秦原典，帮助他们掌握中国传统文化的真精神。从这两项活动中，我发现，这些大学生、研究生对中国传统文化的了解是很少的，其理解也是多有偏差的。因此，我想提出一个建议，就是响应习近平总书记的号召，认真学习中国传统文化。学习中国传统文化的最好方法，就是要回到我们老祖宗的原典那里去。所谓老祖宗的原典，主要是指儒家的《论语》《孟子》《荀子》，道家的《道德经》《庄子》，佛家的《金刚经》《心经》等。只有正确地掌握了这些原典的本义、精髓、真精神，才能对其以后的各种学说作出正确的评价，知道他们在哪些地方发展了原典，又在哪些地方扭曲了原典。如朱熹是儒家学说的集大成者，他对孔子和孟子的著作无疑是有所继承和发展的。但是，他把他们学说中的道德观点和人世间的道德规范上升为"天理"，这就把道德神圣化了。这一观点，流毒深远，直至今日还在影响着许多人的头脑。我之所以能对朱熹作出这样的评价，是反复深入研究上述原典的结果。孔孟的原典中讲的"天之四德"（仁、义、礼、智），首先是从本体意义上说的，是本体概念；把它们视为道德规范，是第二义，是在六识范围内说的。如果读了孟子的"四端说"："恻隐之心，仁之端也；羞恶之心，义之端也；辞让之心，礼之端也；是非之心，智之端也。"就会相信我的看法是正确的，因为他所说的仁、义、礼、智，显然是"恻隐""羞恶""辞让""是非"等"四心"之"体"，即本体，而"四心"则是仁、义、礼、智之"用"，即最初表现。

我强调回到原典，还有一个更为重要的意义，就是可以真正找到中西文化的根本区别，找到正确对待中西文化的态度和方法。什么是文化？对这个问题，有各种各样的回答。其实，不要把文化看得那么复杂，我认为，只要看两条即可：一是看它的思维方式，二是看它的价值观。抓住了这两条，就等于抓住了文化的本质，也等于抓住了文化的根本特征，即抓住了文化与文化之间的根本区别。儒、道、佛三家原典的思维方式，主要表现为整体思维，用李泽厚的话说，就是"实践理性"，即这种理性如同人类实践，既是当下的，又是历史的、连续的、整体的、不可分割的。很显然，我们老祖宗的这种思维方式，与西方文化的思维方式是大不相同的。西方人的理性，是"逻辑的理性"，是靠概念、判断、推理说话的。亚里士多德就说过，辩证法是从辩论中来的，辩论靠什么，当然要靠概念，要靠逻辑。我的学生蒋昌建，对这一点非常清楚。他是安徽师大政教系毕业的，现在复旦大学当教师，在大学生辩论大赛中，他是复旦代表队的第一辩手，其辩论的才能确实很高，堪称是出乎其类，拔乎其萃。记得有一次，他回到母校，请我吃饭，我对他说，你应该感谢西方人，感谢他们至今仍统治着世界人类头脑的"逻辑的理性"，使你一举成名，成为国内外著名的辩论高手。如果你生活在我们老祖宗那个时代，你不但"火"不了，还要挨批评，说你是"巧言令色，鲜矣仁"。那时，一切概念和个人的活动，都叫做巧言令色，对于"仁"，即"宇宙—生命"这个大系统的把握，是起不了多少作用的，而且会给人类带来很多毁灭性的灾难。

西方人常把"法律面前人人平等"与"上帝面前人人平等"并提，这说明法律在他们那里具有突出的地位。他们突出法律的地位，实际上是突出他们的文化的特质，即突出他们的文化的贪婪、掠夺、无限追求享受的价值观。可见，法律地位的高低，是与一个民族、一个国家的文化的价值观紧密相连的，西方人之所以突出法律，强调法律，显然是为了抑制他们的兽性的大发作。

我们老祖宗的原典，在价值观上与西方人有本质的区别。他们从来不说

"人是动物"，因而也从来不把追求享受当作价值观。恰恰相反，他们追求的是"觉悟"，是"终极觉悟"。凡读过《论语》首篇首章的人，而且是真读懂了的人，就会相信我说的话是对的，是符合我们老祖宗的本意的。孔子说："学而时习之，不亦说乎？"我认为，这里的"学"，不是"学知识"的"学"，而是"吾十有五而志于学……五十而知天命"的"学"，这个"学"，就是"学""知天命"。《大学》说："大学之道，在明明德，在新（亲）民，在止于至善。"这里的"学"就是"明明德"的"明"，"明德"即"知"即生命本来面目，"明明德"，就是使生命的本来面目重放光明。这里的"学"就是"新（亲）民"的"新（亲）"，就是使老百姓不断地觉悟、贴近生命的本来面目。这里的"学"就是"止于至善"的"学"，也就是以达到生命本来面目的"道""天""佛"作为终极目的。只有这样的"学"，才需要没完没了的"学而时习之"。同样的，也只有通过这没完没了的"学而时习之"，才能使"己心"合于"道心""天心"和"佛心"，也只有在这"合"的一刹那，不亦说乎"的"说"（通"悦"），才能发生。"说"是什么？它是"己心"与"道心""天心""佛心"合一时的表现，是"觉悟"时的表现，是对智慧之光闪现时的一种反应，是内在的、整体的、不可用语言表达的一种内心的喜悦，与我们常说的可以用世间的语言表达的、表现于外的"乐"即快乐，是根本不同的。因此我们清楚地看到，孔子说的"学而时习之，不亦说乎"这句话，具有非同凡响的深刻内容，它给人下了一个正确的定义，即"人不是动物"。人为什么不是动物？理由很简单，"说"，为人所独具，非为动物所具有。动物，如一只狗，它见到一根骨头，虽然也似乎表现出喜悦的样子，但并不是"觉悟"的、"智慧"的表现，而是一种条件反射。既然内心的喜悦为人所独具，是"觉悟"和"智慧"到来时的表现，那么追求"觉悟"和"般若智慧"，也就自然成了古代原典作家的价值观。

我如此认真地建议大学生，请他们回归到儒、道、佛三家原典那里去，目的是希望他们通过深入研究原典，看到中西文化的根本区别，看到二者各自的长处与短处，从而树立和坚定中华文化的自信，为实现中华民族伟大复兴之梦，为迎接世界新文化的到来，为构建世界人类命运共同体，做出自己的贡献！另外，就是使他们明白，中西文化的思维方式和价值观是根本不同的，用西方文化的思维方式来解释中国古代文化特别是儒、道、佛的原典，其所说的一切，只能是南辕北辙，驴唇不对马嘴。

采访者：您对我们安徽师大青年教师有什么建议吗？

臧宏：我建议大学生为学好中国传统文化，要回到原典那里去。对于青年教师而言，我建议他们做一个传道、授业、解惑的高手吧！前面已经讲了很多教学与教育的关系，青年教师可以参读。我这里只想对"传道"作一些补充。教师，特别是青年教师，要培养"传道"的能力，要把"传道"放在第一位，绝不能只做单纯传授知识的教书匠，那样，不是一个好教师，更称不上是人类灵魂的工程师。什么叫"灵魂"？一个人有知识，并不代表他是有灵魂的，因为知识和思想是分开来说的。一个人分析问题时，可能分析得头头是道，但这只能说他是有"小聪明"，而不能说他有"大智慧"，即佛经上说的"般若智慧"。这里说的"大智慧"或"般若智慧"，就是生命本体——"天""道""佛"的根本表现形式，亦即"知"或"良知"。明白了这个，也就明白了"传道"的真实含义，传什么"道"？就是传生命本体"天""道""佛"及其根本表现形式"知"。我这么说的根据是，《中庸》开篇首句就说："天命之谓性，率性之谓道，修道之谓教。"这个"天"，就是生命本体，与"道""佛"是同一层次的概念。这个"性"，就是生命本体"天"的功能或根本表现形式，它与"知""心""明德"等概念意思相同。所以，"天命之谓性"指的就是人的生命的感知力、觉知力和悟知力，是由生命本体"天"命定的。那么，"率性之谓道"的"率"字有两"义"，一是随意、自由的意思，二是统率的意思，这句话指的就是，生命本体的功能或根本表现形式"知"，不论作何种运动，都要受生命本体"道"所统率。明白了前两句，"修道之谓教"就不难理解了，前两句都强调生命本体"天""道"的决定作用，那么这一句强调"修道"，也就顺理成章了。那么，如何"修道"呢？回答是：通过"教"即"教育"，从德育、智育、体育、美育、劳育中来把握生命本体的"道"。换句话说，就是通过这些"育"来体认"明德"（"知"）的特性，来使你"明心"。这三句话就是"中庸"，就是取"中"之"用"。

"中庸"之"庸"作"用"字解，所以，"中庸"亦可叫"中用"。也有人将其颠倒过来，叫"用中"。"用中"就是"用心""用知"。"心"或"知"，是"道"的功能或根本表现形式，所以，"用心"或"用知"离不开"道"，"道"是"用心""用知"的绝对原则。前面引的"道也者，不可须臾离也，可离，非道也", 就是讲的这个意思。

那么, 什么是"道"呢? 学术界对"道"的说法很多, 我赞成将"道"叫作"大思维"这一说法。归纳起来, 这种"大思维"有如下几个特点: 第一个特点是"大局观""整体观"。所谓"大局观""整体观", 是"心包太虚, 胸怀宇宙"。《论语》自始至终都贯穿这种大局观、整体观, 它所说的"仁者爱人""泛爱众""无友不如己者""诗三百, 一言以蔽之曰: 思无邪""有教无类"等, 就是这种大局观、整体观的表现。

第二个特点是保持事物自身的鲜活性, 绝不割裂、阻隔, 这可以从孔子说的"出门如见大宾, 使民如承大祭"的话中得到解释。"出门", 实是指一切感官所至, 你要找你的生命本来面目吗? 出门吧! 凡是你的感官所见、所闻、所知、所想⋯⋯无不是生命本体的显示或对象化, 本体就在它们之中, 不要再从任何其他地方去找。既然出门所感无不是"道", 无不是"天", 无不是"天"之"四德"——仁、义、礼、智, 也就是被人称之为"神"的这些本体观念, 你还能不"如见大宾""如承大祭"吗? 很显然, 这第二个特点与第一个特点是紧密相连的, 说到底, 它是"整体观"的另一种表现形式。从"出门如见大宾, 使民如承大祭"这两句话看, 事物之所以是鲜活的, 不是割裂、阻隔的, 其原因在于它们都是生命本体的显示, 或生命本质力量的对象化, 它们是生命本体这个整体中的个体, 所以, 才是彼此不可分割、阻隔的。

第三个特点是不局限于"有分别", 用佛家的话说, 就是"无我相, 无人相, 无众生相, 无寿者相", 这是讲从"有分别"向"无分别"的回归。"出门如见大宾, 使民如承大祭", 是说明这个问题的好例子。既然事物都是生命本体的显化、对象化, 那么它们的存在就是生命本体生生不息的表现, 也是事物必须而且能够向生命本体回归的根本原因之所在。它们是生命整体的体现, 所以能够回归; 如不回归, 就会成为体认生命本来面目的障碍。

第四个特点是无招胜有招, 就是老子说的"弱者道之用", 也就是思维要永远保持"被动性""勿助勿忘""戒慎恐惧"。"大思维"也叫"太极思维"或"圆思维", 是真正的无招胜有招, 是绝对的无招可出的, 因为它是整体的不可分割的。但是, 只要不断地以无招胜有招的方法, 打破固有的"旧招", 新招自会奔涌来到, 这是儒家所谓的"勿助勿忘"的道理。这个特点在《论语》中俯拾皆是, 其中"四毋"即"毋意, 毋必, 毋固, 毋我"就是个典型, 它集中地说明了思考的"被动性"、"勿助勿忘"、"戒慎恐惧"、不轻易作结论等。我不先作结论，你作了，破绽露出来了，不也是一"招"吗？这不也是见招拆招的"无招胜有招"吗？

有人问，学"大思维"有什么好处？我说，"大思维"意义多，最重要的一点是，可以帮助我们学会从整体看问题。我们要用老祖宗的"大思维"的"整体观"，即用历史的、连续的、整体的"实践理性"来看问题，若用这种"大思维"来观察其他事物，同样会收到不同寻常的功效，大家不妨试一试。

采访者：您能介绍一下您在安徽师大培养出来的得意门生吗？

臧宏：我对你们提的这个问题，非常感兴趣，因为它勾起了我作为一个教师的最大幸福感。对于一个教师来说，桃李满天下是最大的幸福！我从1954年到1999年，在职45年，加上退休后给中国哲学硕士研究生授课的15年，整整是一个甲子。在这60年的教学生涯中，我教过的学生，散布在大江南北，乃至全国各大城市，真可谓是"桃李满天下"。我教公共课和专业课两种。我教了20年的马克思主义哲学课，主要是给中文、历史、数学、物理、化学、体育等系的本科生和专科生讲授与辅导，他们中有不少人和我相处得很好，如1955届毕业的历史系学生吴昭铭，留校后一直与我相处很好，从生活到做人、做学问，我们无话不谈。他文章写得好，书法也写得好，古诗词功底好，是文苑中一棵不可多得的奇葩。只因他生活无序，吸烟无度，英年早逝，对此我深感惋惜！

又如数学系1959届本科毕业的胡炳生、丁超等，他们不但重视专业课的学习，而且重视马克思主义哲学的学习，他们当中有些人毕业后，不教数学，反而改行教马克思主义哲学了，丁超就是其中一位。他一辈子除了把自己奉献给了哲学外，还要求女儿考大学哲学系，攻读哲学硕士研究生和博士研究生。后来，他于淮北技术师范学院退休，但他仍关心国家大事，笔耕不止，经常打电话向我问好、求教，与我讨论其写的文章。胡炳生是我们学校数学系教授，从留校到现在，一直和我关系密切，他多才多艺，文章写得好，诗词写得好，字写得好，京戏唱得好。我常向他请教古典诗词中的格律问题和审美问题。胡炳生现在是芜湖诗学学会的会长，经常外出作诗词方面的学术讲座。我和他的关系，可谓是亦师亦友的关系，我为能有这样一位才华横溢的好学生、好朋友深感欣慰！

再如物理系1962届本科毕业的沈家仕、丁光涛等，他们都是班上的尖子生，不仅专业学习认真，对学习马克思主义哲学也特别感兴趣，很愿意听我讲课，连辅导课都非常重视。一次，我因感冒未到班上去辅导，他们就到家里来找我。他们留校任教后，对我一直很尊重，即使当了学校的领导，当了芜湖市的副市长，也从没有怠慢过我，直到他们退休了，见到我还夸我当年课讲得好，对当时讲课时举的例子，他们还记忆犹新呢！尤其是丁光涛，他每次见到我，都对我表示感谢，感谢我对他撰写《梦溪笔谈》方面的文章时所给予的指导和帮助。

在我教的公共课的学生中，还有不少与我关系密切的。就拿贾翠华来说，她是1957届历史系本科毕业生，我给她讲授了一学期马克思主义哲学，因她是我们马列主义教研室主任王郁昭同志的爱人，故与我联系较多。她在省委机关工作，我每次去合肥见到她，她都给予热情接待。"文革"中，我在她家待了近两个月，吃、住、洗衣服等生活事项，都由她负责。她和王郁昭省长每次来我校访问，住在铁山宾馆，都会把我叫去和他们一起吃饭。还有吴发祥、丁万鼎、马怀柱三位，他们为人正直，对我很有礼貌。

说到教过的本专业的学生，与我关系好的，就更多了。如工农兵学员中，突出的就有张传开、张允熠、宋宁三位。张传开原是农村生产大队干部，有很强的组织能力和丰富的社会经验，又肯虚心向老师学习。留校后，在我的帮助下，无论在教学上还是在科研上，进步都很快，他比较快地晋升了副教授和教授，并出版了几部著作，承担过国家重点研究项目，享受国务院特殊津贴。他为政教系和安徽师范大学出版社做出了重要贡献。总之，他是一位不可多得的人才，一个农家子弟，能取得今天这样的成就，实属不易。

张允熠，与张传开同班，毕业后被分配到铜陵市一个中学，后被皖南医学院调进马列主义教研室任教，他的爱人是由我和我夫人介绍的。后来他去安徽社会科学院工作，是由我推荐的。他考上方克立的博士生之后，因与我的专业接近而我与他的导师又是好朋友，彼此之间的来往就更多了。他博士毕业后，先是在中国科学技术大学社科部任职，后又调到上海师范大学马克思主义研究中心任主任，在这期间，他几次请我给他的硕士生和博士生作学术讲座。他古文功底好，马哲造诣深，加上思维敏捷，肯下苦功，博览群书，所以他学问做得好，文章有深度，有启迪意义，在学术界有比较大的影响。我为有这样的学生而感到自豪。

宋宁也与张传开同班，从云南插班来我们政教系的。学习期间，他常来我家问问题，问得最多的是政治经济学问题。毕业后，他被留在政教系当经济学教师。因为学习很刻苦，他很快就考取了武汉大学经济学博士，毕业后被分到国务院一个机构。那时，正是国家用人之际，他先后被提升为副处长、处长、副司长、司长。他对我很敬重，他的爱人陈立，是张海鹏校长的研究生，与我的研究生马文峰是朋友，因而与我的关系也很密切，对我也很敬重。一次我去北京，他们忙到深夜 11 点，还打车到几十公里以外的我的住处来看我。另一次，芜湖市委、市政府请他来商讨在芜湖建造汽车厂的事，他请我和一些老师在铁山宾馆吃饭，市委秘书长还代表市委、市政府表示："你们能培养出这样的国家栋梁，既是你们的功劳，也是你们的骄傲！"

在大学恢复招生后所招的学生中，特别在我当系主任期间，和我相处好的学生，难以一一列举，只能选两位最突出的说一说。一位是范大平，他是政教系 1977 级学生，喜爱中国哲学，好学深思，长于写作，早在读书期间，便能写出相当有水平的中国哲学史文章，如《论王充的必然与偶然思想》已在公开出版刊物上发表。他毕业后报考我的研究生，考得很好，录取通知书下发时，据说他爱人因怕学历悬殊而与自己离婚，将范大平的录取通知书撕毁了，因此未能读成，这对他和我，都是一件难以忘怀的憾事！毕业后，他先是在湾沚中学任教，后是从政，任过芜湖县教育局局长、芜湖驻深圳联络站负责人、芜湖市发改委副主任等。如果不是病魔伤害了他的灵明觉知，使其在一段时间内失去正常的工作能力，让他不得不提前病休，那么，不论是做学问还是做行政，他都是可以取得骄人的成绩的。特别值得一提的是他病休后的表现，他不但没有因此消沉下去，反而立志要在法律事业上做出一番成绩来，他经过一段时间的艰苦努力，不仅通过考试拿到了国家级的律师证，而且写下了百余篇关于律师的理论和实践的文章。他创办的律师事务所，在江城也很有名气，我校法学院的资深教师谢长根、邱仲良等都在其中发挥余热，这也说明这个事务所是很有实力的。不难看出，我这位学生既能为学，又能为政，更会创业，真是一位难得的全才。他拖着病体去创业，并能取得骄人的成就，这是值得我们学习的。

另一位是郭淑新，她是政教系 1979 级本科生，一直表现很好。她在读书

188

期间，因是班级干部又是极少数的学生党员之一，所以我很早就认识她，但直接联系不多，与其联系较多的是在她留校任教期间，虽然我们教的不是同一专业，我教的是中国哲学，她教的是马克思主义哲学，但因同在一个哲学教研室，所以对她的教学情况是比较清楚的。她备课认真，思维清晰，条理清楚，语言精练，教态端庄。我任系主任时，听过她的课。可以看出，她的课讲得好的真正原因是，她能够化马克思主义理论为方法。我关注她，是因为我年近花甲，教中国哲学的只剩我一人，急需找接班人，我认为她是最理想的对象，而她也觉得研究哲学原理的人需要学习中国哲学史，于是便跟着研究生听我的课。由于虚心好学，她很快便掌握了中国哲学的教学和科研方法，成为名副其实的中国哲学战线上的一员。应当说，在这条战线上，她进步是特别快的，取得的成绩是骄人的，她很快被评为二级教授。能得到这样的英才而教育之，我能不感到快乐吗？

最后，简要谈一下我亲自带的几位硕士研究生的情况。第一位是马文峰，她先是我的助教，后考取我的硕士研究生，因当时没有学位授予权，毕业论文是在武汉大学哲学系答辩的。当时主持答辩的是著名中国哲学史家萧萐父先生，他认为马文峰的论文比他的博士生写的论文还好，可以在国家级重点刊物上发表，果然她的这篇题为《中国古典直觉思维概论》的文章，很快就被发表在《中国社会科学》1990年第2期上。她现在从事文献学的研究，是中国人民大学的教授，也是中国人民大学图书馆文献研究室的负责人之一。第二位是邵显侠，她是我带的所有研究生中，读书最多、思想最开放且最富有独立思考能力的一位，她写的题为《论张载的"知礼成性"说》的毕业论文，是著名哲学家冯契先生给我出的题目。说真的，我当时对她能否完成这篇论文，是打问号的。没料到，她竟然完成了，而且完成得很好，这篇文章在武汉大学答辩时，同样受到萧萐父先生的夸奖，并很快发表在《哲学研究》1989年第4期上。她毕业后被分配到南京师范大学政教系任教，成为一名教学有方的教授。第三位是钟宏志，他考的是马克思主义哲学点的硕士研究生，因毕业论文写的题目属中国哲学范畴，便由我来指导。他思维敏捷，写作能力强，他的毕业论文受到了答辩委员会专家们的一致好评，并很快发表在《中国哲学史》1996年第4期上。他毕业后去了新加坡，在新加坡联合早报新闻部任高级编辑（主管）。第四位是汪传发，他无大学学历，全靠自学考取了我们的马克思主义哲学点硕士研究生，因他写的毕业论文题目为《天地境界：冯友兰的哲学信仰》属中国哲学范围，便由我来指导。他是我院所有研究生中年龄最大、生活最苦、头脑最为睿智的一位，他的论文初稿没作多大的修改就送交华东师范大学著名中国哲学史教授杨国荣评审。杨国荣认为这是一篇水平很高的研究生论文，并要提前收他为博士研究生。这篇论文发表在《中国哲学史》1997年第2期上。成为杨国荣的博士生后，他深得老师的器重。毕业后，先被分在南京的一个警察学校任教，后调至上海财经大学马克思主义研究中心任副院长。最后一位是方军，我指导了他的论文写作，并且推荐他考中山大学哲学系中国哲学博士研究生。他的最高学历是复旦大学哲学系博士后，他在安徽财经大学先后晋升为副教授、教授，曾任经济管理学院副院长，现任学校图书馆馆长。

说到得意门生，总有说不完的话，总有说不出的高兴！特别是回忆他们取得的骄人的成就时，更感到做一个教师的光荣和幸福！

采访者： 在安徽师大工作和生活当中，您认为安徽师大最大的变化是什么？

臧宏： 就学校而言，变化最大的是校园增多了，由一个变成三个了，房子变多了变高了，学生由几千人变成几万人了，真可谓"今非昔比"！学校的硬件设施改善了，校园变美丽了，办学条件提高了，受高等教育的人多了，这说明我们国家经济发展了，人才的需求增加了。另外，学校规模扩大了，师资培养也要跟上，这样才能提高教育、教学质量。教师不仅要做好教学工作，而且要做好科研工作。我认为，这是提高教学质量和培养师资队伍的重要课题，应当引起学校的高度重视。

采访者： 在您任教期间，安徽师大的学生给您的印象有什么变化吗？

臧宏： 有不少变化。由于电脑的广泛使用和手机的普及，学生的眼界比过去更宽广，心胸比过去更开阔。我在给中国哲学硕士生讲课时，发现越来越多的学生学会了把天与人、体与用、入世与出世结合起来看问题了。这是一个了不起的变化，是思维方式和价值观上的变化，有了这个变化，这是非常可喜的。

采访者： 您来安徽师大经历过什么难忘的事？

臧宏： 这里只能选几个主要的讲一讲。那时，我从复旦大学研究生班毕业返校，正值"反右派"运动阶段，身边的许多人因为给所在基层的领导提意见，或对某项具体政策或某种具体做法等提出不同看法，就被错误地划为"右派"。

再讲讲我校的"文革"。在运动的开始阶段，我被贴了许多大字报，当然那些大字报是在别人授意下写出的，不能说明任何问题。随着运动的深入，社会上的群众分成两大派，我们学校的师生也分为两派，这两派的矛盾后来发展到白热化程度，以致出现闻名全国的"七·一三"流血事件。为了逃避武斗，我先是由芜湖到合肥，在王郁昭同志家住了一段时间，然后再由合肥到了北京，住在一个名叫东大桥的接待站内，与我同住的还有我们学校的许用思夫妇、李子恒夫妇、俞相士夫妇等。

"文革"后期，我先后参加了两期"学习班"，每期各为半年，吃住都在其中，但整天都存在着饥饿感，对此我是泰然处之的。进入学习班的当天，我就要求看书。凡事都有两重性，"学习班"使我失去了自由，但它为我提供了看书的时间，这也是一件好事。从某种意义上说，我真要感谢这两期"学习班"，因为在第一期"学习班"，我熟读了马克思《资本论》第1卷，对马克思的辩证法有了深刻的理解。在第二期"学习班"，我系统地读完黑格尔的《小逻辑》和《哲学史讲演录》，充分的阅读时间使我看到了辩证法的不足之处。在现实中，辩证法是有用的，但在无分别的本体的领域，即老子说的"惚兮恍兮"的情景下，它就无能为力了。

采访者：您能介绍一下安徽师大政教系的情况吗？

臧宏：政教系是1973年成立的，当时学院在赭山校区。政教系的成立得力于时任校党委书记魏心一，没有他的坚持，这个系是成立不了的。因为安徽大学已经有了哲学系，安徽劳动大学已经有了政治系，我校再办一个政教系，省里不予批准。但是，魏书记坚持一定要办，理由是我们学校是培养中学教师的，其中政治教师数量很多，不能没有政教系。最后，办系的申请还是被批了下来。

为了办好这个系，他派出两路人马，跑遍全国各大名牌师范院校，向他们取经。一路是由钱仲凯领队到北方。另一路是我与方永祥、路修武、金素云四人向南走。我们这一路由芜湖出发，先后到武汉大学、湖北财经学院、湖南师范学院、中山大学、华南师范学院、浙江大学、浙江师范学院、华东师范大学、南京师范学院等学校取经，历时一月有余。政教系很快就成立了，成立后，招的第一届学生是工农兵学员，从1977年冬才开始正式招收本科生。

采访者：那政教系的老系址在哪里？在赭山校区现在的哪个位置？

臧宏：政教系最早的系址，我记得是在赭山校区的教学大楼的四楼，靠东边，西边与中文系为邻。后来搬到生化楼的一楼和二楼，与化学系为邻；再后来搬到一大楼的一楼和二楼，西边与中文系为邻；最后，搬到老行政楼的一楼，与中文系为邻。

采访者：您觉得我们安徽师大"文革"前后在学风和教风方面有哪些变化吗？您能感觉得到这些变化吗？

臧宏：当然能感觉到，而且感觉到有许多变化，其实，这些变化，前面已从不同的侧面谈到了，这里不必再详细讲了。这里，只想谈谈我对我们校训的理解。我们的校训是：厚德、重教、博学、笃行。"厚德"是要回到生命本体，即"天""道""佛"那里去。这里的"德"不是指人的道德品质，而是指存在于一切具体事物中的"天""道""佛"，换句话说，这个"德"是"天""道""佛"的功能的表现形式，凡能表现"天""道""佛"功能的一切事物，都称为"德"。"厚德"的"厚"字，有人将它解释为"故乡"，这样就可以将"厚德"解释为：一切表现生命本体功能的事物，都要回到他的本根（故乡）"天""道""佛"那里去。这实际上是要求广大师生要"心包太虚，胸怀世界"，学会用大思维观察一切问题，能做到这一点，人的道德境界自然就会得到升华。必须指出，"厚德"虽然包含人间的"道德"之意，但它是第二位的，是"天"之"德"、"道"之"德"、"佛"之"德"的副产品。"厚德"二字概括了我校"文革"前后教风与学风的变化。就拿学会大思维来说，在"文革"后，由于科学技术的迅速发展，电脑、手机的广泛运用，世界经济一体化，地球村形成，这对于我们年轻教师和大学生大思维的形成十分有利。做到"厚德"，即有了大思维和高尚道德情操的教师，在"重教""博学""笃行"三个方面，比"文革"前做得更出色，仅就教学内容的现代化、教学方法的多元化以及社会调查的广泛化方面来说，已是"文革"前所不可比拟的了。

采访者：对教好马克思主义的相关课程，您有什么建议？

臧宏：如何把马克思主义的相关课程教好？这是对学院教师提出的一点期望。教师对马克思主义中国化要有正确的理解，中国化除了要与中国的实践相结合，还要与中国传统文化相结合，确切地说，要与中国传统文化的思维方式和价值观相结合。要做到这点是不容易的，只有真正懂得中国传统文化的精髓和西方文化的根本缺陷，才能真正解决马克思主义的中国化问题。必须明确，不解决马克思主义的中国化，马克思主义在中国是毫无用处的。众所周知，我们的马克思主义教师队伍，在解决这个问题的修养方面特别是在中国传统文化原典的把握方面，还差得很多！因此，在这里，我诚挚地希望学院的领导和教师，能在这方面狠下一番功夫，为马克思主义中国化做出骄人的贡献！我深信，只要在这方面取得明显的成绩，马克思主义的教学就会出现新局面，就会受到学生的欢迎！

采访者：您在安徽师大教授过的得意门生还有哪些？

臧宏：公共课上我辅导过的学生有吴长祥、秦绍先、张海鹏等。再说专业课，我培养出来的几个研究生都在核心刊物如《中国社会科学》《哲学研究》发表过文章；很多学生现在已经是教授了，如马文峰现在是中国人民大学的教授，邵显侠现在是南京师范大学的教授。我当系主任的时候，着力点就放在培养青年教师上，我让他们严格要求自己，有机会要进修，要博览群书，并且给他们提供条件，出去访学。

采访者：近十年我们安徽师大的变与不变都是什么，您能谈谈吗？

臧宏：我们学院先后经历过政教系、政治与经济系、经济法政学院、政法学院、政治学院，现在叫马克思主义学院。在我们学校，文科是优势，我认为学校今后要继续发挥这个优势，重视文科的发展。

采访者：请您谈谈老师应该怎样处理和学生的关系？

臧宏：学校要抓本科生的教学工作，以本科生的教学为基础，我认为这是对的。师生关系的主导是教师，教师一心扑在教学上，从学生的角度出发考虑问题，学生一定会喜爱这样的教师。教师要有耐心地教导学生，真诚地对待学生，这才是真正的师生关系，学生只是给你鞠个躬说声"老师好"，那不一定是真正的关系好。

翟大炳先生访谈录

采访时间：2017年7月4日

采访地点：翟大炳先生寓所

受 访 人：翟大炳

采 访 人：李海洋　韩白瑜

整 理 人：彭　薇　项思语

翟大炳，男，1935年9月生，安徽泾县人，教授。1954年至1958年在安徽师院中文系学习。曾任芜湖市作家协会名誉主席、芜湖市文艺理论研究会会长、芜湖市第八届政协副主席。发表论文200余篇，主编文史类工具书多部，专著有《现代诗的技巧与传达》《海妖的歌声：现代女性爱情诗论》等。

采访者：老师您好！据我们了解，您是安徽泾县人，那您是怎么选择来到芜湖的？

翟大炳：我出生在安徽当涂县的一个小镇，祖籍为安徽泾县，1949年初中毕业后，我独自一人到芜湖求学，就读于芜湖师范学校，学习了三年顺利毕业，毕业后先后在芜湖中山小学、柳春园小学执教。1954年，我报考了安徽师院，即现在的安徽师大的前身，我在中文系学习了四年，于1958年顺利毕业。由于当时中学特别缺乏正规教师，大多数教师为小学教师上调的，为了弥补这一缺陷，所以就在全国成立了八所师范专科学校。芜湖师专是安徽省唯一的一所师范专科学校，我大学毕业后就直接分配到芜湖师专担任助教。

因为我爱好写作，两三年之内我发表了1000多篇文章，出版了6本理论著作，因此我很快就由助教晋升为讲师，1991年晋升为教授。芜湖师专于1958年成立，2005年合并到安徽师大，学校合并之前我是师专唯一的一名教授。当时芜湖市政协需要配备一名无党派人士，而且必须是正教授级别，在这样的情况下，我就顺理成章地担任了芜湖市政协副主席。

1958年以后，国内学术环境比较活跃。因为我在国内发表的文章比较多，约稿也特别多，知名度大增，所以我经常参加各类学术会议。从当时的情况来看，我对鲁迅先生的研究在国内是最早的，发表的文章数量也是最多的。当时四川有一家杂志社找到我，让我担任那个杂志社的主编，专门研究鲁迅。

采访者：那个时候，芜湖师专在教师培养和队伍建设方面有哪些具体的措施？

翟大炳：虽然当时学校不招在职人员，但它办了一个教育学院，开设的课程是专科课程，在职人员可以去进修，进修两年后并入本科。为保证教学质量，学校对任课教师采取淘汰制，学校成立了校务委员会，负责对教师进行考核，另外学生也给教师打分，分数不合格的教师就会被淘汰，保留的就去安徽师范学院。安徽师院当时在全国的影响比较大，教学质量也是很高的，学校也培养了很多名师，如全国知名教授张涤华，《全唐诗大辞典》的主编；全国知名古典文艺理论家祖保泉。总之，我对母校还是很有感情的，感到很自豪。

采访者：说到安徽师院，您的第一印象是什么？

翟大炳：当时安徽师院的校址，也就是现在赭山校区，不像现在安徽师大这么大。安徽师院对老师的要求很严格，学校经常评估教师，而且以学生评估为主。另外，还有严格的淘汰制。

采访者：您教学中常用的方法有哪些？

翟大炳：据很多学生回忆，他们当时对我的教学印象深刻的原因是，我讲课的时候喜欢互动，比如提问等。后来我写了一篇《怀念提问》的文章发表在报纸上。上课的时候我经常和学生互动，让学生补充我讲的内容，同时也让他们反问我。从学生的反馈情况看，学生很容易就掌握了我教授的内容，因为我和其他老师的讲课方式大不相同。

采访者：您是《鲁迅作品赏析大辞典》的主编，您能够介绍一下这方面的情况吗？

翟大炳：那时我到成都去开会，开会的时候一家出版社的编辑找到我，他说因为我对鲁迅的研究比较多，所以想邀请我担任该辞典的主编。因为我发表的关于鲁迅的文章比较多，在全国也很有名，所以我既是《鲁迅作品赏析大辞典》的主编，也是撰稿人。

采访者：对安徽师大的青年教师，您有什么建议吗？

翟大炳：我发现教学中有这样一个弊端，很多教师喜欢用课件教学而放弃板书。实际上，板书对学生有很多好处，板书能够增强学生的记忆力和理解力，所以现在网上有很多专家呼吁，教师还是最好用板书，即教师在黑板上写，学生在下面记。我上课时，总是用板书，要求学生记笔记，毕业时，学生的笔记本都是厚厚一叠，他们一辈子都忘不了。

我还发现一个情况，有的学生水平比较高，如果教师不求进步，只是在网上下载教学资料，那是不能满足学生需求的。所以，教师一定不能满足于老马识途，要严格要求自己，不时地给自己充电，提高自己的教学水平。

采访者：您在芜湖师专工作期间，印象比较深刻的事有哪些？

瞿大炳：我印象深刻的就是，当年师专成立的时候，教师队伍主要由两部分组成，一部分是中学的高级教师调过来的，另一部分就是安徽师院分配了八个大学生，我就是那八个大学生之一，我们都是业务上还不错的。师专首任校长张文芳，后来调到省里当商业厅厅长，他较有魄力，思想开放，当时学生毕业实行分配制，他特别看重学生的学习成绩。学生成绩分为四档：优秀是五分，良好是四分，及格是三分，以下均为不及格。我档案里的成绩单上都是优秀，全是五分。他看到我的档案后就把我要了去。

那时，芜湖师专培养了很多优秀人才，如现任国务院常务副秘书长丁学东也是师专数学系毕业的。

采访者：您教过的芜湖师专的学生给您的印象是什么？

瞿大炳：这个问题问得好。坦诚地说，当时师专的学生总体上不错。那时芜湖师专不在市区，在郊区，即现在皖江学院那个地方。当时学校周边都是稻田，到市区来没有公共汽车，所以来往一趟市区要走两三个小时，当时我家在芜湖市区，往返学校要三个小时左右。学生除了学习之外，没有其他的文娱活动，所以学习比较认真，在学习上花的时间比较多。

另外，芜湖师专的师生关系特别密切、融洽，到现在为止，每逢节日，学生都打电话、发信息问候我。师生关系的密切，在一定程度上保证了师专的教学质量。我记得师专招的学生少，当时大专生也是比较少的，所以毕业分配的时候，学生都能找到理想的单位。担任芜湖市单位要职的，很多是师专毕业的学生，如芜湖市教育局原局长是师专毕业的，市中教处原处长是师专毕业的，好几位芜湖中学校长也都是师专毕业的。

当时我们师专毕业生的就业率特别高。以前是分配制，后来实行的是自主择业，我帮助学生就业的办法，就是一个带一个。我在厦门的学生特别多，他们都是师兄师姐带师弟师妹。厦门就有一个芜湖师专同学会，对于这点，我感到非常自豪。

采访者："文革"时期我们师专的情况吗？

瞿大炳："文革"期间，上大学不需要经过考试，都是推荐进来的，学生来源比较杂，当时有两届，大多数都是来自滁县。你们这一代人是幸福的一代，我们这一代经历的波折比较多，生活不易，所以要感谢党的领导和政策，才有了改革开放和新时代。

"文革"期间，上大学的方式只是推荐，后来才采取按成绩录取的方式。"文革"期间，不按成绩，而是按政治表现招学生，学生成绩参差不齐，层次差异较大。

采访者：您能给我们具体讲一下安徽师大或者是芜湖师专的精神吗？

翟大炳：这个精神就是安徽师大的校训：厚德、重教、博学、笃行，不过芜湖师专和安徽师大还有一点区别。师专的学生跟老师朝夕相处，关系特别好。在打破毕业分配改为自主择业后，有一段时期，师专学生的就业率特别高，因为就如我前面所说的，学生一个带一个，这样他们能较快地融入社会。

采访者：对我们安徽师大以后的发展，您有什么期望和建议吗？

翟大炳：我作为安徽师大的老师，也曾是安徽师大的学生，对于母校的感情还是非常深厚的。我认为安徽师大教学质量高，人才培养质量高，因为学校教学有特色，师生关系密切，应该始终保持这个优良的传统。

赵太意先生访谈录

采访时间：2017年7月5日

采访地点：赵太意先生寓所

受 访 人：赵太意

采 访 人：胡正毅　高金岩

整 理 人：高金岩

赵太意，男，1934年9月生，安徽池州人，中共党员，副研究员。1953年至1955年在安徽大学、安徽师院艺术科音乐专业学习。毕业后留校工作，历任安徽师院团委副部长，皖南大学党委统战部秘书、机关党总支副书记，安徽师大党委统战部秘书、艺术系党总支副书记，机关党总支副书记、书记等。曾任安徽师大思想政治工作研究会理事。

采访者：您从1953年到安徽大学师范学院的艺术科音乐专业学习，您能跟我们介绍一下当时学校的情况吗？学校后来的建设是什么样的呢？

赵太意：按照1953年8月27日华东高等教育局安徽教育分会招生委员会分会的通知，我于那年9月10日到位于芜湖市的安徽大学师范学院艺术专修科报到入校。我作为师范保送生，从入围保送资格开始，通过选调、经过审查后被学校录取。那时，学生入学报到和现在的不一样，我是独自一人用扁担挑着行李，一头一个箱子，一头一条被褥去的。我在艺术科学习了两年，当时师范学院是安徽大学的组成部分。安徽大学设有两个学院：师范学院和农学院，学校也有两个办学地点：一个地点是赭山校本部，就是现在的赭山校区；另一个地点是专科部所在地——狮子山，就是现在的安徽师范大学附属外国语学校所在地。

当时，我们的学习条件非常艰苦。专科部的学生和教师都集中在狮子山那一小块地方。艺术科的办学更是相当艰难，仅有平房一栋，科办公室在中间，一、二年级教室在两边。一个艺术科包括我们刚刚入学的只有60多名学生、13位教师，教学设备更是很少。艺术教育特别是音乐教育，实行的主要是技术教育，最重要的基础课是钢琴课，而科内只有5架钢琴，许多学生只能共用一架钢琴。美术专业的处境也是艰难的，美术的基础课是素描，石膏像素描又是素描基础中的基础，可供作画的石膏像却只有二十几个，教材完全由教师自编。住的地方是山下的那一栋两层楼里，房间很小，只有十几平方米，两张高低床，四个人住。整个专科部的男生都住在那里。食堂既是饭厅，又是会场，也是活动场所。在教学方面，专业课教学都在狮子山的专科部进行；公共课主要有教育学、心理学、中国革命史，授课地点在赭山校本部的礼堂里，我们每次去上课都要从狮子山走到赭山校区本部。

　　1954年，芜湖发生了百年不遇的大水，全校师生积极投身到抗洪抢险工作中，大家都没有回家，一直到暑假结束。危难时刻，我们挺身而出，义无反顾参与抗洪抢险中。我这儿还有一张照片，拍于当时的一天门，就是现在九华山中路那个地段，那里当时是一个灾民安置点，活跃着我校的一个宣传小分队。参与那次救灾的广大学生，受到了省市领导的接见和表彰，我们也为芜湖市当年的抗洪救灾贡献了一份力量，所以记忆深刻。

　　1954年8月，我们安徽大学的师范学院和农学院两院分开。农学院搬到合肥，单独建校，即安徽农学院，现名安徽农业大学，师范学院在芜湖原安徽大学的校部独立建校。我们安徽师大就是从那个时候开始成为安徽省一所具有师范性质的高等院校。这里我说一段小插曲，安徽高等学校如何追溯它的历史渊源，也就是它的根究竟在哪里。在我们庆祝学校成立80周年的同时，省内某些高校却提出它源于1928年省立安徽大学，也举行了80周年校庆，到底谁根植于1928年省立安徽大学？对于这个问题，可以结合《安徽师范大学校史（1928—2008）》加以说明，此书文字详细、史料详实，为我们了解省立安徽大学与安徽师大一脉相承的关系提供了例证。学校有位同志曾经写了一篇文章，刊于《杂文报》，认为安徽师大根植于也就是源于1928年创建的省立安徽大学。随着多个高校同说源于1928年省立安徽大学，同年庆祝建校80周年，这些高校的起源问题一时成为社会议论的热门话题。当时我深有感慨，觉得不必费心费力地去查根溯源，自己也曾编了一个顺口溜：师大根系老安大，改革调整多支发，枝繁叶茂硕果累，兄弟比肩两和洽。意思是说，安徽师大根系老安大，老安大是从1928年开始的，1946年改为国立安徽大学。1949年国立安徽大学与安徽学院合并搬到芜湖了。"改革调整多支发"，多个系迁到外地。脉络相联，情深意长，兄弟院校和睦相处乐哈哈。纵观历史，安徽师大既继承了老安大的优良传统，枝繁叶茂，又发挥了安徽省的基础教育、高等教育的工作母机、母体的作用。现在的同学们可能不太清楚我们学校的几度变迁，其实中华人民共和国成立后，我们学校也发生了几次变迁。1958年7月，物理系学生和一部分教师迁到安徽大学，这是很小的一次调整，旨在支持新成立的合肥大学建设。现在的安徽大学原来叫合肥大学，1958年毛主席来安徽视察，认为合肥没有名气，还是安徽大学好，随即题写校名为安徽大学。让我印象极其深刻的是，安徽师大从1974年到1983年在淮南、六安、安庆、池州、马鞍山、铜陵等地设立了十多个教学点或分校等。

那么我们再来回顾一下校史。你们这次采访后拟编辑出版的书叫作《赭麓记忆：安徽师范大学口述实录》，书名的首词是"赭麓"，我最先想到的也是"赭麓"。所谓赭麓，是指赭山校区，曾经被中国网评为全国十大最美丽校园之一，学校依山傍水，背靠赭山，面对镜湖，说到"美丽校园"，自然就会想到这里的地理或自然景观以及它浓重丰厚的人文历史。在这里，我想特别提一下，我们不要忘记现在的赭麓之地曾经是日本侵占芜湖的铁证，现存的几个重要的历史遗迹、遗址，都是日本侵略军侵占芜湖的罪证。我建议学校在校史中补充一段文字，介绍这段历史，并将此地的相关历史遗迹、遗址作为日本侵华的一个罪证，建成爱国主义教育示范基地。下面我给大家具体叙述一下这段历史。

1937年12月10日，侵华日军全面占领芜湖，先是飞机轰炸，后入城烧、杀、抢、掠、奸淫，犯下的滔天罪行令人发指。赭山芜湖中学，就是芜湖一中的前身，位于现在安徽师大赭山校区路西及山上这一区域，被强占设立芜湖日军警备司令部，筑有钢筋混凝土的囚房。1997年9月19日《芜湖晚报》刊发的朱鼎文同志的文章里有记载，现芜湖一中新百年纪念册中也有记载。我想说的首先是司令部，司令部在现在山上音乐学院的西边，有两栋两层楼。1984年，当年进驻这里的日本军人到芜湖市并来我校进行友好访问时，参观了这个地方，还面对怀爽楼行鞠躬礼表示谢罪。我由此事想到，当年的侵略者都能记住这个地方，我们更不应该忘记它。另外，日军还在这里建造了三座兵营，就在校内，现在只剩下一栋，在物理楼北边，曾经用作学校的实验基地、工厂和实验室；另外一栋在现在的生科院和物理楼之间，已经被拆掉了；还有一栋位于五四堂、生化楼之间，大概是在花津校区建设之前拆掉的。我们当时习惯称这三座兵营为一大楼、二大楼、三大楼，三座都是灰楼，那是日军侵占芜湖最好的历史见证。新中国成立初期校园里的建筑主要就这些，都与日本侵略中国有关。我叙述这一点的主要目的是，我认为这是一个极好的教育基地。今年正好是"七七事变"80周年，我现在跟你们叙述这一点，是为了让你们也了解一下这些情况，不忘历史，展望未来。

采访者： 艺术系后来发展得怎么样？

赵太意： 我是1953年到安徽大学师范学院艺术科来学习的，又于1979年7

月在安徽师大艺术系工作了近五年，1984年因工作调动离开艺术系。我在艺术系学习，又在艺术系工作，让我与艺术系结下比较深厚的感情。我重回艺术系工作后，期间有的毕业班级同学返校举行20年、30年聚会，我被邀请参加活动。1995年我就退休了，对学校的发展变化，也就没有具体了解，但我对现在的音乐学院还是比较了解的，最近几天我也去考察了一番。音乐学院在安徽大学的时候叫文艺组，我入校的时候叫艺术科，到那里工作时叫艺术系，后来分为美术系、音乐系，再后来又发展为音乐学院和美术学院。从学院的发展过程来看，现在的音乐学院、美术学院出现了较为明显的变化，它经历了从艺术科到艺术系、到艺术学院的音乐系和美术系、再到音乐学院和美术学院的过程。

1979年我回到学校工作，艺术系已搬到现在赭山上的继续教育学院及四合院那里，办学条件大为改善。艺术系的学生有90多人，到我离开艺术系的时候，艺术系已有200多名学生，40多名教师，几十架钢琴，独立的琴房，每年有四五十名学生毕业。还有好多记忆深刻的事情，这里就不一一介绍了。我在学校工作期间，让我印象最深刻的是，"文革"期间开展的所谓的"以战斗任务组织教学"。改革开放初期，教学的各个方面基本走上正轨，学校非常重视艺术实践，在1981年12月到1982年1月上旬，曾组织100多人的艺术团队赴合肥、蚌埠等地演出，演出的节目是长征组歌等。要不要通过这种演唱的形式进行革命传统教育、歌颂长征精神是当时议论很多的事情，但是因为长征组歌好听，有气势，词曲也好，所以我们坚持以长征组歌为主题演出。我们先在合肥省委小礼堂演出，后到安徽农学院演出，再到蚌埠剧院演出。副省长魏心一、教育厅厅长朱仇美（我校原党委副书记），以及省里相关部门负责人都亲临现场观看，并给予较高的赞誉。1981年底到1982年初，美术专业举办的"三新"画展，"三新"即新人、新作、新年，影响也很大，省政协主席张恺帆、省教育厅厅长朱仇美，都去现场看了这个展览。还有很多其他的事例，我就不一一介绍了。如今音乐学院的情况在招生简章上已经介绍得很清楚了，目前在校本科生、硕士研究生近千人，钢琴200多架，师生还到国外演出、交流，并得了不少大奖。对于安徽师大，尤其是音乐学院，我有深厚的感情。进校的第一学年，我们是音乐、美术两门专业课都学，第二学年音乐、美术分组，也就是分成音乐专业、美术专业，但是音乐专业要求除了学音乐的基础课，还要学美术的写生，也就是素描的基础知识和技能等。我这里保存着我当年四个学期的课程表、成绩单和任课老师名单。这些可作为校史档案佐证。

采访者：据我们了解，您曾经向校档案馆捐出一些老物件，您家中还有其他老物件吗？就是能见证学校历史变迁的老物件。

赵太意：家中一些物件已捐给校档案馆，包括两本书，其中《这是什么声音》涉及所谓的"右派"言论，能够反映1957年"反右派"斗争的社会面貌，另一本《这是战斗的声音》则是批判和反击那些言论的声音。后来我又送给他们一份安徽师院的最后一期校报，校报上面有1960年5月3日成立皖南大学的报道。前几年我把一张安徽师院第一届团代会的照片托人放大后，捐给了校档案馆，而且我还给照片配上了文字说明，对参会的党委书记、校长等都用文字进行了标注。有些物件我还在考虑是否送给校档案馆保存。我从1955年7月毕业到1995年2月退休，亲身经历了学校从安徽师院到安徽师大的发展变化过程，作为学校变迁的见证人，学校开展的很多活动如学校第一次党员大会、第一次团代会、第一次教代会、第二次团代会等，我都是直接参与的。参加这些会议的出席证，学校没有收回，我一直保留着。

采访者：您退休后，师大对您的关心是怎样的呢？

赵太意：我1995年2月退休，亲身体验了校党委贯彻执行《中华人民共和国老年人权益保障法》、关心和爱护离休干部和退休教职工所做的工作。组织上，明确了校、院党委分管领导及其职责，建立了老干处、离退休工作处，以及校关工委和退教协，退教协的全称为安徽师大退离休教育工作者协会。工作中，做到政治上尊重，思想上关心，生活上照顾，重视发挥离退休人员的作用。尤其值得一提的是，学校逢年过节都组织离退休教师开展活动，还发放慰问金。有个祝寿会特别突出，1996年学校首次给当年80岁的高龄老人举行祝寿会，这个祝寿会一直坚持到现在，至今已有21年，学校党委书记每年都到会致辞，沈家仕、丁万鼎、顾家山等都曾出席并讲话。这对老同志特别是一些年事已高（80岁以上）的同志，是一种精神上的关怀和安慰。学校坚持这样去做，也是很难得的。学校每年都对祝寿会进行精心安排，除了校领导作热情洋溢的致辞讲话，还有老寿星代表、在职教工代表发言，派送纪念品、发放荣誉证书，请大家吃长寿面，这让参加祝寿会的老同志非常感动。2013年我80岁，我老伴是2015年80岁，这两次祝寿会我们都参加了，2013年那次我还作为代表在会上作了发言。我们学校的退休工作、离休工作和老干部工作在全省、全国都有影响，还多次受到主管部门的表彰。老同志们对此深表感激，在这里，我们的晚年生活很幸福。每当听到我们介绍这些情况的时候，外校的老师都羡慕不已。

采访者：能谈一下您在校期间学校其他方面的变化吗？

赵太意：我感触最深的还是学校环境的变化。学校当初的教学、办公、生活用房严重不足，那时仅有三栋大楼，其余均为陈旧简陋的平房。1955年初，我们学校的教学、生活用房，除了这些建筑之外，基本上没有其他什么像样的建筑。所以后来在功德林，就是现在校医院到西大门之间的那一带，建了一排办公用房，即20世纪50年代初期的党委办公室，其他科室也都在那个地方。功德林处原本还有一个牌坊，后来被拆掉了。那时的教学大楼现在还叫教学大楼，就是田家炳楼后面和生化楼前面的那个楼，它是1956年建成的。生化楼就是化材学院曾在赭山校区办公的那个楼，它是1959年建成的。另外在山上，就是现在的继续教育学院，当时是图书馆。在师大的西大门进去向路西走，那边好多宿舍都是1956年、1957年建起来的。那里有老三楼、红楼、新三楼，老三楼是个两层的楼房，被称为教授楼，是专门给教授住的，木质地板的，前面走廊带栏杆，那个楼是当时学校条件比较好的建筑物。从山坡下去贴左手边的那两栋楼，现在还在那里，还叫红楼。位于路西的这两座红楼，在那个时候叫讲师楼，就是只有具有讲师资格的教师才能住进去。此外还有新三楼，位于红楼后边一直到现在的淮海村一带，那是在20世纪八九十年代后改建的教授楼。后山边建有专供教授住的楼，生命科学学院二级教授、第三届全国人大代表王志稼，还有雷垣教授等都住在那栋楼。

学生宿舍还在那个地方，就是现在的学生宿舍所在位置，在留学生和女生宿舍前面也有一栋楼，它们都是20世纪50年代末60年代初建的。所以学校最大的变化就是硬件设施越来越好。校园内除了有功德林，还有徽州、阜阳等地的会馆，还有尼姑庵，也叫白衣庵，在校医院北面的那片树林和田家炳楼西南面那片绿地位置。还有原来的老行政楼（现在是诗学研究中心和马克思主义研究中心的办公楼），那一片原来是坟堆，我们亲眼看见工人们铲了好多无主坟。教学大楼前面是陶行知铜像，铜像后面的那座楼的地方原来都是黄土包子、小山丘。这些楼宇先后建成使用，让我们看到了学校硬件设施逐渐变好。

从学校建设、教育教学情况来说，当时学校的条件差，也没什么设备，教材很少，教师也不多。但是教师工作积极性普遍很高，他们在从事教学的同时，积极投身科研活动。越是办学条件艰苦，越要艰苦奋斗，我们学校正是依靠这种艰苦奋斗的精神，一步一步走过来的。我校教育质量高、教师认真负责，培养的毕业生后来大多成了大学或中学教师的骨干。比如张海鹏教授是1956年安徽师院历史科毕业的。

我校那个时代有一批老专家，像单粹民教授、吴锐教授、雷垣教授、黄叔寅教授、吴遁生教授、张涤华教授、宛敏灏教授等都是知名教授、著名学者。从整体上看，1957年以前教师的积极性都挺高的，发挥的作用也很大。当时学校与芜湖一中联合成立了党支部，直到1952年5月，学校开始筹建党委并正式获准成立。学校原来是由华东高等教育局直接领导的，后来划归安徽省领导。艺术科的负责人是杨耀庭，他是一位很有影响力的钢琴家。当时的班集体有着互帮互学的学习氛围，学校重视培养学生的自学精神，学生的求知欲望都非常强。由于那时的教师极其缺乏，学生来源比较杂，有在校学生报考的，也有中小学教师中抽调的，还有被保送进校的。当时学校的办学形式多样化，既有校本部，也有专科部，又有附中和附师，还有速成中学、短训班。短训班就是从小学教师和中等师范学校的优秀者中抽调一批人，到学校训练一年后再派出去当中学教师。可以说，当时我校的办学形式是适应当时环境和社会需要的。教师认真地教、学生刻苦地学，教学相长。在校学生的年龄差距比较大，比如说当时我们班上同学年龄最小的仅19岁，最大的有二十七八岁，已经结婚生子了。这种情况跟1977年高考恢复后被录取的77级、78级学生的情况差不多。

采访者：您长期从事党务工作，能谈一下在工作期间学校的党建工作和思想政治工作情况吗？

赵太意：我以前一直做党务工作，先在团委工作了两年多，从团工委到团委会，主要从事学生思想政治工作。后来在学校统战部门工作了16年，所在部门在"文革"期间叫政工组统战小组，也属于统战系统，从事的也是党务工作。1966年我刚到机关党总支任职，就碰上那年五月份开始的"文革"，那时我在机关党总支任副书记，机关党总支在"文革"中也停止了工作。我在校团委工作时，给我印象最深的莫过于第一届、第二届、第三届团代会，因为我参加了这三届团代会，还是第一、二届团代会的组织者之一。那个时候的思想政治工作以学习"五年计划"为中心。另外，作为师范院校，学校比较重视专业思想教育，因为在校的师范生有的是从中学考入的，不全是师范院校保送的，他们中有人在师范专业思想上存在着不稳定的情况。

高校思想政治工作的开展除了围绕中心促发展，还要强化理论武装，政治理论学习是不能少的。《毛泽东文选》、《邓小平文选》、党的各次会议精神、人大各次会议精神，都是师生政治学习的内容。学校的政治学习主要安排在星期三下午，曾一度安排在星期五下午进行，到政治学习时间，其他事情都必须停下来，所有师生都要集中学习，教师以教研室、科室为单位，学生以班组为单位，分单位组织学习。

采访者：关于政治学习，有什么好的学习方法吗？

赵太意：我觉得还是读原著、学原文、悟道理好。学校对此有要求，这也是我一直坚守的态度。说起读原著、学原文，就谈到我是怎么做的，你们是青年学生，都能看懂原著、原文。1956年1月14日，周总理在《关于知识分子问题的报告》中提出，按照自愿和联系业务的原则，规定一些必修的马克思列宁主义的基本课程，着重采取自学、夜大学、函授学校、科学讨论会等方法。你们也可以采取这样的学习方法。

我觉得国外学生的学习方法是值得学习的。我的孙子是加拿大多伦多大学毕业的，他的老师要求他们读老师列出的书目，写读书心得，诸如进行论文写作、根据题目进行社会调查等。就像今天的口述校史一样，先出一个口述师大校史的题目，然后根据要求完成采编任务。学习形式是多样的，这样的学习方法，我非常赞成。

20世纪五六十年代，我国出现了大批爱国人士和专家学者，像钱学森、邓稼先等，他们的爱国行动体现了国家政治的吸引力，这让他们在各自研究的科学领域做出了重大贡献。就知识分子而言，最重要的是调动他们的工作积极性和学习积极性，从而使他们能更好地投入到工作、学习中去。现在我还健康地活着，你们来采访我，我很高兴。老了总想过安定的晚年生活，事实上，给老年人创造安定的晚年生活，也是落实党的方针政策的具体体现。学校贯彻这些政策，也是让我们老年人能安度晚年。党中央提出的以人为本的理念，对学校来说，就是要推动师生精神面貌的改变，促使教师更好地从事教学工作，打造更好的教书育人场所。

那么，学校机关干部应该怎么做呢？我在学校工作了40年，将近35年的学校机关工作，让我体会出这样的道理，学校机关干部要切实履行自己的岗位职责，更好地为教学、科研服务，为教职工和学生服务，参与学校服务育人、管理育人、教书育人的全过程，如此实现远大目标和近期目标的有效结合，把共产主义理想和社会主义初级阶段的现实联系起来发现问题、分析问题、解决问题。我们实现远大目标，既要着眼于未来，又要着眼于现实。目前学校的思想政治工作形式多样，但要从人出发，以人为本。

谈到思想政治工作，我校的传统做法是，坚持开展大学生社会实践活动。我看到学校宣传部策划的一个专题报道叫"迎接党代会 学校发展篇：皖江潮头唱大风，潜心创办安徽师范大学"，这个专题报道就是围绕社会实践展开的。我看过之后，很有感触。你们采访我，我得了解一下学校的现实状况。20多年来，我校大学生社会实践连续被评为全国优秀，这是一个了不起的成绩。1986年，我在机关总支工作期间，曾组织机关干部带领学生一起调查研究，开展暑期社会实践活动。记得有一年暑假期间，我带了四个学生到池州市青阳县相关部门进行项目调研，青阳县的领导对此十分重视，分管教育的副县长和教育局局长还亲自接待，到现场进行指导。这个活动的开展既促进了学生成长，又密切了与实践基地的关系。参与社会实践的学生写了详细的调查报告，这份调查报告被评为校级一等奖，并被学校的社会调查实践论文集收录。在这次活动中，我受到了教育，学生也受到了教育。执笔的学生毕业后被分配到当时的九华山中学，后来又调到青阳中学，他对此心存感激。这也促使我把社会实践与教书育人相结合。我撰写的题为《简议服务育人》的论文，被学校编印的论文专集收录，那个论文专集是学校内部刊物。社会实践密切了师生的关系，教师和学生都能从中受到教育，所以我觉得它是一种很好的教育形式。

采访者：安徽师大的学风影响深远，怎么影响的，您能具体讲一下吗？

赵太意：我刚才谈的大学生社会实践活动对形成良好的学风、教风都有积极影响。我的外孙女在南京晓庄师范学院，暑假期间她曾与一些同学到广西的一个偏远山区做义务支教。当代大学生确实要参加社会实践，接触社会、了解社会。

安徽师大的思想政治工作中的一些优良传统，如民主治校还是不错的。学校党委领导下的校务委员会，特别重视工会、共青团、教代会等作用的发挥，其中教代会是民主治校的一种重要形式，是其他制度不可替代的。

1985年12月，我参加了首次教代会的筹备工作，担任大会提案组负责人，做了提案审查报告，并当选为执委会的执委。第一届教代会规模大且持续开了五天，会上大家有充分发表意见的机会。我在第二届教代会上也做过提案执行情况的报告。这是民主治校的好形式，所以教代会能一直坚持到现在。

关于学校毕业生的人数，我这里讲的是昨天看到的一个数字，大概是1986年到1996年，十年共计毕业生有26000多人，但这包括参加继续教育毕业的学生。目前学校形成了多形式、多层次办学的格局，成人高考（函授）、自考、远程教育等都成了学校教育的形式。我感受最深的就是校园硬件条件今非昔比，尤其是花津校区的建设，花津新校区很漂亮。由于我只参加过一次大学生社会实践我，所以谈不出个所以然。学校连续多年受到全国表彰，成为国家级大学生社会实践先进单位，从这个表彰可以看出学校对开展大学生社会实践活动的重视与始终坚持，这中间到底有个什么样的过程和变化，我就谈不清楚了，我要实事求是嘛。

采访者：您能谈一下"文革"期间学校的变化吗？

赵太意："文革"期间，皖南大学内乱不止，损失严重。其间发生过很多事，让我印象深刻的一件事是，一位从印尼回来的爱国华侨教师，他十六七岁时冒着危险逃过来，在国内的中学读书，大学毕业后被分到我们学校，"文革"时被当成现行特务在全校开大会时被抓走了。当然，后来平反了。统战工作的对象是党外科以上干部，教师中主要是党外具有高级职称的知识分子。所以，知识分子政策的落实和贯彻执行，中国共产党与各民主党派要长期共存，互相监督，这些对于统战机关工作是极其重要的。

学校曾办过几个农场，20世纪50年代、60年代、70年代、80年代都办过，如横埂农场、峄山农场等。横埂农场在前些年刚拆的老火车站附近那一块，生物系，即生命科学学院的前身，曾一度搬到那里去办学。峄山农场在宣城，"文革"期间学校会安排学生去那里劳动几个月。

采访者：您能谈一下赭山校区的建筑有哪些变化吗？

赵太意：离赭山校区东大门门口不过一百米的地方，原来都是房子，那些房子大多是小平房，两边是卧室，后面是厨房，中间是客厅。20世纪50年代我们学校党委书记、校长等就住在那里。后来这个地方就建了田家炳楼，据说田家炳捐赠了500万元，省里拨了约700万元，学校筹资1000多万元。那时芜湖市规划要把学校这个东门后移到门里边几百米的地方，并以不能挡住赭山山顶的风景为由，只允许田家炳楼盖五六层，田家炳楼的建设对学校教学条件的改善做出了较大贡献。其他几栋老的教学大楼，就是田家炳楼后面的那一栋教学大楼，还有生化楼、山上的音乐学院、继续教育学院、物理楼、科技楼、图书馆楼、校医院楼、体育馆、教工宿舍、学生宿舍、食堂等，也曾改建或扩建过，已形成相当规模。

采访者：对于学校的发展，您有什么期望和建议吗？

赵太意：这个问题就复杂了，你问到难点了。当时省里要求我们建新校区，学校在没有建设新校区之前，就已经对老校区做出规划，在一大楼拆除的地方建一栋大高楼。另外，在西大门的安徽师范大学夜大学那里建一栋科技大楼，并且改造学校其他的建筑。

随着我国高等教育的发展和高校招生规模的扩大，我国高校掀起了新校区建设的热潮。芜湖市希望安徽师大建新校区，省里也要求安徽师大在花津校址建校。我校随之加入了新校区建设行列，花津校区自2002年开始建设，早已投入使用。

赭山校区下一步如何发展，这是个问题，各方对此意见也不一致。因为这里的继续教育学院主要是函授和短期培训，如果把继续教育学院和教育科学学院都搬走，这里就要被搬空了。另外，生命科学学院是否搬迁，也不知道。所以赭山校区到底怎么发展，可以说老教师都很关心。

从1928年的省立安徽大学到后来的安徽大学，再到安徽师大，很多老教师都去世了，在世的从1928年到现在也有90多岁了。从新中国成立后一直到新校区建设这么多年，一批又一批的学生毕业了，50届、60届、70届同学返校时都会到赭山校区看看五四堂，就是现在的五四堂餐厅。它是学校最早的重要活动、重要会议的中心。20世纪50年代，我做学生的时候，每个星期六的下午都到那里去学习跳交谊舞，也在那里听过甘仲儒、方向明的报告。

采访者：您能谈一谈当初音乐专业学生课余活动的情况吗？

赵太意：当初音乐专业的学生课余活动比较丰富，如组织艺术团体合唱队、表演话剧、开展舞蹈比赛等。当时的团总支、学生会起了很重要的作用，抓好团支部和学生会的活动，成为做好团总支和学生会工作的一个关键。所以赭山校区这块宝地不能丢，安徽师大人的师大情怀深深地扎根在这块土地上，也希望把它保护得更好，建设得更美丽。安徽师大是安徽基础教育的母机、高等教育的母体，安徽中学的教师和大学的老师、负责人，很多都是我们学校毕业的。赭山校区不仅是芜湖的骄傲，而且对芜湖的经济发展做出了巨大贡献。校园里有芜湖一中的旧址，还有一个芜湖市重点文物保护单位——皖江中学堂，黑色大理石刻的，标牌就钉在山上四合院外墙上。我们是1954年9月份从狮子山搬过来的，整个艺术科都在小四合院那里。后来学校对它进行了多次维修。

另外，刚才我讲的功德林、尼姑庵、同乡会等，在当时都有较大的影响。从音乐学院下来的路上即山腰处有个亭子，名叫景多亭，我建议要把它修一修。给亭子题名的是赖少其，赖少其是著名的版画家，文艺界名人，老革命家，也是个书法家，因为时任校党委书记万立誉、副校长沙流辉跟他很熟，所以请他去题名。景多亭建于20世纪60年代，后来维修过一次，但现在亭子上面已杂草丛生，题名已模糊了，需要再维修一次。此外，去继续教育学院办公楼的路上，有一个植物园，原名为勤思园，后改为敬文园。

花津校区也有一个亭子，它是我校美术学院88级校友张文捐钱建的，所以取名为"文思亭"。赭山校区的敬文园那里有个石刻碑记，敬文园的名字是原校长、党委书记沙流辉题的。这个敬文园我不知道学校是想保留，还是不想保留，但我觉得应该保留，因为它是学校发展的一个见证。

这里还谈一点对学校未来发展的期望和建议。安徽师大"十三五"发展规划提到，到建校100周年时，把学校建设成为全国同类院校一流、特色鲜明的高水平大学。学校现在目标明确，任务艰巨，既要注意数量发展，更为重要的是，重视培养高质量人才，尤其是要坚持我校的师范教育优良传统和显著特色。求名需要，更要求实。在以习近平同志为核心的党中央的领导下，按照省委、省政府要求，为实现学校的美好蓝图，全校齐心合力，共筑美好明天。

郑鸣玉先生访谈录

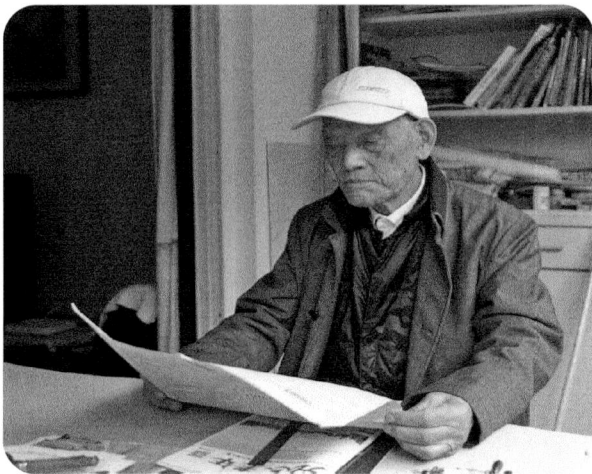

采访时间：2017年7月3日

采访地点：郑鸣玉先生寓所

受 访 人：郑鸣玉

采 访 人：王京京　王　芹

整 理 人：卜　钰

郑鸣玉，男，1924年生，山东莒南人，中共党员。曾任山东抗日根据地抗小教员，区抗日民主政府文书，山东省粮食局秘书、科员、副股长、股长，华东工业局科员，中央高教部办公厅行政秘书、人事科员等。1957年起历任安徽师院马列主义教研室副主任、直属部书记，皖南大学体育科党总支书记、物理系党总支书记、革委会副主任，皖南医学院政工组副组长，安徽师大中文系党总支书记。

采访者：老师，请您介绍一下自己吧。

郑鸣玉：我是老干部，1941年就参加了革命，算是比较早的。我小学毕业后读了中学和大学，其实我读过两年初中，后来到中国人民大学读了几年大学。战争年代，根据地组织知识分子从事小学教育，我当过小学教员。我也当过地方干部，在省里工作过，还在华东地区、中央教育部工作过一段时间。从农村到城市，一路南下，直到上海，后来因为中央教育部分家，要成立高等教育部，需要管理人员，我就从上海调到北京，在北京读了几年大学。1957年下半年我就到这里工作了。当时学校叫安徽师院，后来改为皖南大学、安徽工农大学、安徽师大，校名的变化历程就是这样的。

我来到学校后就在马列主义教研室当副主任、党支部书记，后来到体育科当党总支书记，再后来到物理系当党总支书记直到"文革"。学校在1957年前是没有党委的，1957年以后才有，1958年我开始在安徽师院任党委委员，那时候党委委员很少，只有六七人，现在大概就剩下我一个人了，他们都不在世了。那时候工作很忙，没有休息日，会议、活动、运动，一个接着一个，"文革"开始后就一直处于很被动的工作状态了。"文革"期间学校工作基本停止了，后来才慢慢恢复。1978年改革开放以后，学校开始逐步发展。"文革"这段历史我经历过，但有些事情是讲不清楚的。我到中文系工作后，一切还好。

采访者：您是怎么来安徽师大工作的？

郑鸣玉：我是从北京分配过来的，我从高等教育部去中国人民大学读书，毕业后老伴还在高等教育部，但是我没有回去。当时调来的书记叫万立誉，后来我和他从合肥一起到芜湖来。当时学校有4000多名学生，中文系、物理系是最大的，现在有几万学生了，这和之前的情况完全不一样。1958年，安徽师范学院的文科搬到合肥师院，理科留在芜湖，仍叫安徽师院。"文革"后，合肥师院的校址让给了中国科学技术大学，合肥师院部分系科就并到芜湖来了。时任书记、校长是很不错的，很有水平。

采访者：您先后在体育系、物理系、中文系三个系任职，在三个系的工作岗位上您分别有怎样的体验？

郑鸣玉：我在不同的系科工作过，工作期间，有事情大家一起商量，积极研究问题，所在单位都是很和谐的。每个学期我都会去教师家里，了解他们的家庭情况和工作情况，我也经常去教室听课，看看师生们的精神面貌。我在工作中尽职尽责，没有偷懒过，也没有不动脑筋，做任何事情之前都会尽量与大家商量，并且召开会议，总结大家的想法和意见，工作完成得都比较顺利。我会用负责任的态度来解决老师和同学们的问题，根据党的原则和立场，不受个人关系摆布，发挥集体力量、集体智慧，每个星期安排一次会议并听取教职工汇报工作情况，大家一起开动脑筋想办法解决问题。

采访者：您跟学生打交道的场合多吗？

郑鸣玉：我跟学生打交道的场合还挺多。记得有一年，因为当时排球世界杯赛中国队输了，学生都不开心，情绪波动较大，我就尽量安抚他们的情绪，其他老师们也去做学生工作，教育他们要展现我们的应有胸怀。

采访者："文革"期间学校是怎样的状况？您能具体谈谈吗？

郑鸣玉：那时候学校分成两派，派别斗争激烈，学校处于停课状态。有一件事让我印象比较深刻，当时物理系一个学生毕业后被分到新疆克拉玛依油田，我很佩服他，因为他是自愿去那里的，这说明他的党性、思想觉悟都很高。我把胸前的毛主席徽章取下来，戴在他的胸前，并鼓励他。还有一件事让我难以忘记，我当书记时，副书记是吴长庚，至今我也不知道他当时是怎么被莫名其妙地开除党籍的。

"文革"时，教师的工资照发，生活保障还是有的。

采访者：您在1957年就到咱们学校了，1958年刚好是"大跃进"，当时学校是怎样的状况呢？

郑鸣玉：1958年，学校把一些土锅土灶之类的都拿去大炼钢铁。生物系那时候还开展放卫星试验，一亩地里种好多小麦，因为小麦种得太密不通风，大家就用鼓风机吹，最后也没有见到亩产万斤的成效。那个时候没有吃大锅饭。当时学校发饭票，每人每个月只有二十四斤定量，基本糊口而已。

"文革"后，学校就慢慢走上正轨了，1978年、1979年就开始正常教学了，活动也多了。

采访者： 您能谈一下1977年恢复高考后学校的招生情况吗？

郑鸣玉： 那年我在中文系任职。1977年前的一段时间里，那时候在校学生都是工农兵学员，学校从1970年开始招收工农兵学员，1977年恢复高考后，在校的学生人数开始慢慢上升。1977年后通过高考录取的学生年龄差距倒是不大，但之前工农兵学员年龄差距挺大。值得一提的是，77级是1978年春季上学的，1978年是秋季招生，两届学生就差半年，所以同年毕业了。

当时学校的住宿情况比较紧张，我后来搬到了50多平方米的房子，那时候算大的了，再后来住房面积慢慢就大了。那时候住房条件都不好，住房都是学校分配的。

采访者： 您在体育系、物理系、中文系任职期间，这三个系的发展有什么不同吗？

郑鸣玉： 文科的发展要迅速些。"文革"后，随着重视教育事业的发展，教师地位的提高，师范生也越来越多，很多考生的第一个志愿都是师范专业。所以，新生的第一志愿录取率挺高。当然现代社会对人民教师也是非常尊敬的。

这三个系的学生都进行教育实习，教育实习一般安排在毕业学年的最后一个学期进行，学校根据实习计划把他们分配到不同的学校去当实习老师。三个系都是师范类专业，毕业以后学生大多当老师，他们实习后要等待毕业分配。那个时候的毕业生大多接受分配，回到生源所在地从事教学工作，学习成绩比较好的学生会留校或继续深造。

采访者： 工作中让您印象深刻的人或事有哪些？

郑鸣玉： 1977级和1978级这两届学生给我的印象还挺深刻，有个学生高考成绩在全省名列前茅，尤其是语文成绩排名全省第一还是第二，记不清了，但被分到历史系，后来我建议他学中文，他也想学中文，于是中文系就把他录取了。

学校过去严禁学生谈恋爱，现在不同了，时代在发展嘛。记得当时一个男生在书店排队买书，一个女生说他耍流氓，其实事情并没有那么严重，但学校却把这个男生开除了。我觉得学校给这个男生处分是应该的，只是不至于开除，因为他自己不承认这件事情，后来我请求重新处理，但最终没有得到解决，到现在我仍感到有些内疚。

那时候学校对学生的管理是很严格的，晚上九点以后还没有回寝室的学生会被处分。当时学校没有查寝制度，凭学生自觉。一个年级配一个辅导员，辅导员对班级的基本情况要了如指掌，学生出事都要参与处理的。

学生除了学习，还要参加课外活动，如各类比赛、表演，但是不多。学校社团也有，但数量不多。学校没有学分制，毕业时学生每门课及格就行，对学生参加课外活动没有特别要求。

学校对学生入党的要求是很严格的。学校当时没有勤工助学岗，师范生吃饭不要钱，每个学生都有助学金，无住宿费，其他费用也很少。家庭特别困难的学生可申请困难助学金，程序是，学校先评议，后按等级标准发放。那个时期，学生读研的不多，留学生也很少，在我退休前学校是没有外国留学生的。

采访者：您对安徽师大未来的发展有什么建议吗？

郑鸣玉：现在，加强党建工作的重大部署和重要举措是"两学一做"。我希望学校要加强这方面工作，促使师生都重视"两学一做"。现在学校压力大，任务多，领导要深入基层，多了解各部门情况，既要听汇报，又要将"两学一做"落地生根，要深入细致地推进工作。

周承昭先生访谈录

采访时间：2017年7月5日

采访地点：周承昭先生寓所

受 访 人：周承昭

采 访 人：李海洋　韩白瑜

整 理 人：胡琼月

周承昭，男，1923年5月生，安徽肥西人，副教授。本科毕业于南京大学中国文学系。1947年至1958年先后在安徽省立当涂师范学校、黄麓师范学校、上海速成实验学校、安徽中学教师研究班、合肥师范专科学校任教。1958年起在合肥师院、安徽师大任教。曾被评为合肥师院先进工作者、芜湖市政协系统先进个人。

采访者：老师您好！您能说一下您的求学和工作经历吗？

周承昭：我是合肥人，小学是在合肥的鸿仙小学读的。范鸿仙是孙中山民主革命时期安徽省的一个烈士，鸿仙小学就是为了纪念他而建的。抗日战争期间，我离开合肥去了三河。日军攻打巢县时，炮声隆隆，这种情况下我跟其他同学向后方逃难，最后跑到四川、重庆。当时全国各地有很多流亡学生，国家就办了二十多所国立中学。安徽办了两所，一所是在湖南办的国立安徽第一中学，即后来的第八中学，另一所是在重庆江津县办的国立安徽第二中学，后来叫国立第九中学，这两所学校收的主要是安徽学生。

后来我考取了国立中央大学，1947年毕业，毕业以后到中华人民共和国成立之前都在中学当教师，教国文，就是现在的语文，同时还教历史和英语。1949年以后我回到家乡，被分配到张治忠办的黄麓师范学校教高中一年级。学生对我的课反应还不错。后来，家乡办了师范专科学校，我就去了师范专科学校，当时教文学理论和文学史。没过多久，我又调到上海，与苏联专家一起培养无产阶级知识分子。后来上海办了一个学校，专门培养部队里的优秀士兵、战斗英雄和工厂里的优秀工人，即道德模范。我们用了20个月的时间将初中水平的他们提高到高中毕业的水平了，培养了一批红色知识分子。这个任务完成以后，安徽办了一个师资培训班，我被调回来了，在中学教师培训班任教。后来，这个培训班改为安徽省教育学院，接着由教育学院改为合肥师范专科学校，最后成为合肥师院。合肥师院当时办得是很好的，在全国都有名气。"文革"期间，合肥师院的校址要让给中国科学技术大学，于是部分系科就合并到位于芜湖的安徽工农大学。我就是这样从合肥来到了芜湖，以后就一直在这儿了。

我到大学任教以后，先是在高等院校教文学理论，后来教文学原理，学习苏联的文学原理，当时这些都是新潮的理论。1958年，我改教毛泽东文艺思想。由于安徽大学刚刚成立，所以我不仅要在合肥师院教书，还要在安徽大学中文系教书，这是1958年到1959年的事情。1963年，合肥师院的院长、党委书记说高等学校的文科应该开设马列主义经典著作选读这门课，于是，我就负责这门课的教学工作。到这边来以后，学校恢复招生，我开始教中国文学批评史，但是教这门课，非常累人，所以后来我就改教古代文学理论。在这期间，因为师资匮乏，有些课程没有老师上，我就代上文学写作等课程。

采访者：您对安徽师大最初的印象是什么？

周承昭：1958年以后，安徽师院的文科系都并到合肥师院，使之成为安徽唯一的文科大学，理科系留在芜湖。合肥师院初建时，学校盖的楼很少，校园环境也没这边好。初来芜湖时，我感觉学校还是很好的，面积大、环境好，背靠赭山，面对镜湖；另外，学校建设比较好。它是个老学校，学校历史上有皖江中学堂，很多有名的学者都在这里教书。这个学校位于市中心，交通和生活都很方便，所以即便后来我们花津校区建设好了，我也没搬走，一直住在这里。因为这里生活比较方便，环境也好，年纪大了，经常散散步很好。

我们学校的环境是很好的。我曾带一个台湾的老朋友参观校园，他说我们学校比台湾大学规模要大，景色要好。我在这当助教的时候，还辅导青年教师进修，指导了两届研究生。从教学方面来看，我觉得我的教学经历也是很曲折、很不平常的。教学几十年来，我突破了四个难关。

第一个难关是，1949年以后语文课怎么上的问题。1949年以前，语文课都是教国文，上文言文的。文言文老师上课时，查查字典，解释词句，翻译翻译，学生懂了就行。1949以后很多课文都是白话文，学生看得懂，不需要教师翻译和注解了，这个课就很难上。语文课也有文言文，但是有些教师又不敢上，因为当时的情况下难以对作家作出正确的评价。我担任教研组副组长时，对苏联的文学理论研究较深入，也看了国内的许多文学理论，比如我认真研究过朱自清的文章，仔细地去分析文章的情节结构、主题思想、人物性格等，我把这些难关都突破了。突破这一难关在当时是非常难的。那时候我们集体备课，并且互相听课，大家都说当老师不容易，所以后来很多人转行了。

第二个难关是，如何给红色知识分子上课的问题。因为他们基本上是初中或高中学历，提高他们的文化水平，让他们能够上大学是很不容易的。他们首先要把语文课学好，语文阅读能力提高了，其他各科也就不难学了。学语文，离不开看和写。能看书，比较难，会写文章，更难。当时部队里有个创新教学法，就是自己写自己的事情，话怎么说，笔就怎么写，写自己的事情很容易，但是要写一些社会上的事情，就比较困难了。大家都在讨论该怎么办。我经常到旧书店查看有关教学法的文章，并且购买有关作文修辞的图书。书看得多了就悟出点道理了。我会根据记叙文、说明文等的不同特点来授课。比如说讲记叙文时，先介绍文体的特点、写作方法，接着分析范文，然后让学生来分析、评价其他的范文，分析过后在全班进行讨论，老师对不足之处进行补充，最后老师出题目，让学生照着范文写一篇文章。这样做的效果是很明显的，这个难关也就突破了。当时从全国各地来观摩学习的人很多，每天都有人来听我的课。

第三个难关是，中学课堂文学课怎么教的问题。1957年，语文课分成汉语和文学两门课。汉语课好教，文学课怎么教呢？老师又遇到困难了。后来安庆专区师范专科学校的老师来合肥找我咨询这个问题，因为当时我在教文艺理论。我非常详细地向他们介绍了文学的形式、内容、特点以及如何分析情节结构、人物描写和心理描写等。他们听完后，认为我的讲解非常有用，于是将我的讲解推广到全省各个学校以供教师学习。

第四个难关是，如何解决上课没有教材的问题。1949年以前是没有文艺理论这门课的，后来我教授这门课的讲课稿被发到全省供教师学习。那时候，马克思主义经典著作选读是第一次开课，全国都没有统编教材，我就凭借马克思、恩格斯的《论艺术》编写了教学大纲和教材，并另开设了一门课程。当时突破这道教材关也是很难的。

采访者：您在实施这些课程教学中有哪些成功的经验？

周承昭：当时的情况下开展教学是很困难的，所以我在教学中总结了一些经验。我告诉学生一定要多看书，点面结合，面广点深。另外，我也喜欢读书，当初我在合肥师院任教时，我的读书量是最多的，到芜湖来，也没有多少人比我读的书多。搜集材料对我来说不是困难的事。所以平时要多读书，多看报刊，积累知识。只要肯刻苦学习，好好钻研，很多困难都是可以克服的。

1949年以后，我特别关注教学教法问题，在教学过程中注重教学方法的使用。我所编写的教材内容充实，包含观点比较和评论，可以帮助学生思考问题。教师对上课的内容一定要非常熟悉，体会教材中的思想，这样，课堂上才能用自己的语言流利地讲述出来，学生也易于接受。所以，认真备课是很重要的。另外，上课时要掌握好分寸，语气要抑扬顿挫，这样课堂才会生动有趣，有感染力。课堂上，能阅读的段落让学生自己阅读，讲到高兴之处和学生一起笑，这样的课堂氛围会比较好。很多学生说我的课内容很充实、很全面，很多培训老师也说听我上课是一种艺术享受，这样他们听得高兴，我讲得也高兴。我90岁的时候，有学生还回忆说我当时上课讲到"池塘深处……"时，池塘仿佛就在大家眼前一样。所以，教学方法还是要了解一些的。

采访者：您在安徽师大工作期间遇到过什么印象深刻的事情？

周承昭：我1969年来的，1987年就退休了，教学时间不是很长。我来到这里带研究生和年轻教师，生活是很安逸的。学校的老师都很好，我们从合肥师院过来的时候，他们都热情招待。安徽师大经历过安徽大学、安徽师院、皖南大学、安徽工农大学等历史阶段。我们学校的特点就是，学校一直很重视教学，师范性很强，明确自己的根本任务是教书育人，培养优秀的合格教师，这是不动摇的根本宗旨。我们学校始终注重教师的培养，教授、副教授一定要上教学一线。

学校会派年轻教师到外校接受培训，目的是提高教师的业务水平。今后学校要坚持这样做下去，这是我们学校的一个优势。

采访者：安徽师大的学生给您留下了怎样的印象？

周承昭：我对安徽师大学生的印象就是，比起大城市的学生，他们比较艰苦朴素。我们学校的学生主要来自农村和小城市，学习比较认真，成绩也比较好；学校也积极创造各种机会，将他们培养成优秀人才。这一点我觉得好极了！另外，我也发现现在一些学生很不节约，不在食堂吃饭，在外面饭馆吃饭，还有部分学生直接让外卖人员将饭菜送到寝室来，可有这种情况？

我觉得不能这样。同学们还很年轻，他们可能并不认为这种生活方式有何不妥，不仅仅干革命要艰苦奋斗，任何工作都要艰苦奋斗啊！你看现在有些学生去饭馆吃饭，饭菜没吃完就走了，非常浪费。"谁知盘中餐，粒粒皆辛苦。"节约是我们国家的优良传统，历史上提倡节俭的人物数不胜数。北宋司马光做宰相的时候，有一次，儿子穿着丝绸面的鞋跟他到朝廷上，司马光还批评了他，让他穿布鞋。房玄龄在唐代做了三任宰相，结果临死前连棺材都没有，非常廉洁。我觉得明成祖时期的那个典型例子真是了不起。有人向明成祖举报说户部尚书贪污，明成祖听了之后就去他家微服私访。到户部尚书家的时候正赶上他在家喝稀饭，明成祖以为他提前知道了，就跑到厨房看了看，厨子说，贾大人经常就是这样。后来，明成祖问户部尚书生活为何如此节俭，户部尚书说，他到外地考察时，看到民众生活十分艰苦，有些地方的老百姓吃不上饭，他是户部尚书，看到他们这样，他自己也吃不下饭。明成祖听完之后感触很深。这是我们国家的优良传统啊，孔夫子说过："礼，与其奢也，宁俭。"我们现在不也是天天宣传节约嘛，所以学校要时时提醒广大学生学会节约。

我很赞成阅读传统文化经典图书。现在，《朱子治家格言》是干部的必读书目，教科文组织早就把《三字经》列入世界儿童必读书目了。我们有很多宝贵的、不能轻易丢弃的优良传统，老师是要把这些优良传统教给学生，实现中华民族的伟大复兴。大家责任重大啊！

采访者： 您对安徽师大未来的发展有什么期望和建议吗？

周承昭： 我从合肥师院过来的这些年，安徽师大的发展还是很好的。我们在合肥师院的时候，安徽省仅此一所文科学院，我们也曾经有过宏愿，要把中文系发展成与北京大学相等的水平，在这样的目标之下，我们培养了大批年轻教师，他们被派到全国各大名校进修。虽然我们的教学抓得紧，但是科研跟不上，这不是学校和老师的问题，是由当时的环境决定的。现在学校的科研工作做得不错，科研成果也很多，这些年学校的发展是迅速的。

要说希望，我觉得不管是教学还是科研都要加强，缺一不可。希望教学经验丰富的教师要不断进修，提高业务水平，不能停留在原地。现在存在这种情况，教学上照本宣科，学生也不愿意听。我觉得高校一定要注意学术名声，教学和教材都要与时俱进。科研上，我们现在比过去好多了，但是高校的每一位老师都应该做科研，确保教学、科研两不误。学校要注重对年轻教师的培养。当然，我了解得也不全面，因为我已经退休好多年了，就讲一些我的所见所闻。

助教制度，我觉得还是需要的，现在各个学院好像都没有助教了吧？我觉得助教直接上课不好，助教制度应该恢复，虽然助教主要是辅助主讲教师工作，但是实际上是在学习，助教不只是助理，助理只是工作的一部分。助教读什么书，写多少文章，这些都要制订计划。我觉得教师要对学生负责，特别是年轻教师，要经过系统的培训，才可以上岗任教。所以，我希望学校考虑一下恢复助教制，年轻教师要做充分的准备才可以上课，学校要加强年轻教师的培训工作。

　　最后一句话，希望我们师范大学要有雄心壮志，努力前行。

周厚勋先生访谈录

采访时间：2017年7月2日

采访地点：赭山校区退休教师活动中心

受 访 人：周厚勋

采 访 人：王京京 卜 钰

整 理 人：董 琦

周厚勋，男，1930年11月生，安徽金寨人，中共党员，副教授。1950年至1952年在家乡任小学教师，1952年至1954年在安徽大学师范学院地理科学习，1954年起在安徽师院、合肥师院、安徽师大地理系任教，历任地理系副主任、主任等。1957年至1960年在南京大学地理系进修。

采访者：老师你好！首先请您介绍一下自己的求学和工作经历。

周厚勋：我今年88岁，是金寨县大别山区人。我们家乡是1949年解放的，当时我高三肄业，辍学在家。1949年以后，我们家门口办了个小学，聘我跟另外一个老先生当教师，后来我被调到公立小学当了两年半小学教师。1952年暑假，根据县教育局的通知，我被调到安徽大学上学。新中国成立不久，百废待兴，全国缺乏中学教师，师范生远远不能满足需要，结果就从小学教师中抽调培训。我被调到县里后才知道，我们县总共抽调4人，我们4人到六安地区教育局参加了一次笔试，成绩公布后，我被分配到安徽大学师范学院专科部地理科学习。当时安徽大学本部在赭山，下设师范学院和农学院两个学院，专科部在狮子山。1954年，我毕业后留校工作，当了几年辅导员，1957年学校派我到南京大学地理系进修，1960年进修结束回到安徽，但不是回到芜湖。这里需要补充一句，1954年师范学院和农学院就分家了，农学院搬到合肥，单独成立安徽农学院，留在芜湖的就叫安徽师院。1958年，安徽师院和合肥师院两个学校系科调整，所有的文科并入合肥师院，理科还留在芜湖。我在南京大学进修结束之后，1960年回到合肥师院了，1960年秋正式走上大学讲台。"文革"期间，全国的中学教材都不用了，各个省自己编写本省教材，安徽省成立了一个中小学教材编写组，我被抽到编写组参加中小学地理课程的教材编写工作，主要编写初中生用的世界地理教材。

"文革"期间，合肥师院的校址让给从北京迁来的中国科学技术大学，中文、地理、历史、艺术四个系又回到芜湖。当时学校还不叫安徽师大，叫安徽工农大学，"文革"以前这个学校叫皖南大学，后来改成安徽工农大学，20世纪70年代初正式改名为安徽师大。回来之后，我就从事教学工作。1984年学校党委派工作组到各个系考察，选拔系主任，他们提名之后进行选举。我被选为地理系的候选人，后来被任命为地理系副主任，我晋升副教授后，就转为系主任了。我知道我不擅长搞行政工作，就一再向学校党委辞职，但是学校不同意，我又干了四年系主任的工作。工作期间没什么创造性，也谈不上什么建树，只是按照学校布置的任务来开展工作，所以说没给地理系做出什么贡献。1988年卸任后继续任教，一直到1991年退休。

采访者：您对教学或行政工作有什么心得体会呢？

周厚勋：回顾几十年的教师生涯，我有几点体会：第一，教书育人是教师的天职，为人师表是教师的本分。第二，为了提高教学质量，我的备课过程分为读、想、写三步。我读书时间最多的是改革开放以后，也就是20世纪70年代后期到退休这段时间，当时精力比较旺盛，学校图书馆进了一批中文、外文的图书，我喜欢阅读，经常借阅，阅读外文版杂志，自己也订了不少报纸杂志。我总结了教师要遵守的三个原则：一是教书育人。教书是手段，育人是目的。二是为人师表。言语、行动、思想甚至衣着应当是学生的表率。三是甘为人梯。我当系主任时主要分管教学工作，凡是地理系进来的青年教师，我都听他们的课，把我的参考书借给他们看，把我的教学笔记供他们参考。如果有机会的话，都会把年轻教师送到东北师范大学、华东师范大学地理系进修深造。

具体到专业教学，这个教学经验可概括为"读""想""写""练"四个字，这是我多年教学提炼的四个字。读书是基础，"读"就是读教材，读有关的书籍、报纸、杂志等。我在退休之前订了《人民日报》《参考消息》等报纸，以及《地理学报》《南亚研究》《东南亚研究》等期刊。因为我教的是世界地理，这要求我知识面一定要广，要有一定的深度。"想"就是思考问题，课程要融会贯通，遵循教学的规律性，当然更要强调科学性。"写"就是把讲稿写出来，然后把讲稿提炼成讲授提纲，每节课要讲的章、节、标题等内容在课前都要——想好。

我当系主任时，我给自己提出了要求，要珍惜光阴、淡泊功名、认真读书、教好学生。我的备课过程即是读、想、写、练的过程，上课的前一天要把备课笔记变成讲课提纲，上课的时候，带着讲义、提纲和讲稿，右手拿粉笔，左手拿提纲，做到不照本宣科。

采访者：您的退休生活是怎样的？能跟我们说说具体的情况吗？

周厚勋：我是1991年退休的。我给自己定了两个原则：生活尚简朴，思想慕纯真。生活上我比较简单朴素，我现在住的这个房子，是我们学校在20

世纪80年代建的，1985年搬来的，到现在已经30多年，房子已经很旧了，你们如果到我家里看看，会发现家里的陈设也很简陋、很简单。思想上我倾慕纯朴和真诚，衣食住行都不缺，我不讲究吃喝，更不谈穿着，因为在农村长大的，所以到现在还保留着乡下人的生活习惯。

退休前我就在考虑一个问题：我的身体还可以，退休后还可以做些什么事情？于是给自己提出四点要求：第一是净化灵魂，主要是加强道德修养，提高自己的道德水平。第二是充实大脑，就是要学习，主要是学政治、学历史。我对文史比较感兴趣，四大名著早就读过了，《史记》《资治通鉴》也仔细读过，外国史和世界史也读了不少，另外，现在《人民日报》不订了，《参考消息》继续订。第三是锻炼身体。第四是奉献余生。退休10年之后，我总结了四句顺口溜：晨练午休晚散步，读书看报做家务，每周应聘教点课，育人健脑两不误。刚退休的10年，地理系和旅游系返聘我，除了教世界地理以外，我还教世界政治经济、中国社会主义建设以及人文地理等课程。此外，芜湖的联合大学、芜湖教育学院聘请我去给他们讲世界地理。从1992年到2002年，我又教了10年书，2003年我向地理系领导提出来，我现在不想教课了，70多岁了，想多读点自己感兴趣的书，外校的课也不继续上了。

1993年安徽师大办了一个老年大学，中文系浦经洲老师担任诗词班的主讲，我就进了诗词班学习诗词。后来安徽师大的老年大学不办了，但是芜湖老年大学还有诗词班，我就去那里学习。当时诗词班的老师叫邵庆春，诗词水平很高。2008年，我老伴摔了一跤后骨折，我就在家照顾她，老年大学就没再上了。诗词学了好几年，我从那时开始，每个星期写七律、七绝，写了四百多首诗，一直到今年还在写，不过现在写得越来越少了，而且年纪大了，记忆力差了，思考能力、表达能力都衰退了。我最近写了一个顺口溜：年逾八旬体渐衰，耳聋眼花人变呆。记忆退化尤明显，办事效率打对折。饮食睡眠还正常，锻炼阅读最开怀。自然规律须尊重，追求和谐幸福来。2003年初，学校关心下一代工作委员会约我参加报告团，经常给各个学院的学生作报告，报告主题涉及国内国际形势、党的方针政策、大学生道德修养等，我的这项社会工作直到2015年才结束。

采访者：刚参加工作的时候，令您印象最深刻的事是什么？

周厚勋：1952年我调到这里来学习，当时是安徽大学师范学院专科部，毕业后就留校工作了。那时我们在狮子山读书，读了两年，校本部在赭山，有时候听报告到这边来，平时都在狮子山生活、学习。

还记得参加工作期间的几件事情。1956年，我和我爱人结婚，我们是1954年毕业那年经同学介绍认识的。她毕业之后被分配到蚌埠市怀远二中，我留校工作，虽然人在异地，但我们仍保持密切的联系。1956年我们结婚了。另一件事情是，1957年组织上派我去南京大学进修，对我来说，这是一件大事，这使我的专业基础更扎实了。

印象最深刻的事是，1950年我到县城去参加小学教师研究会，我的一个老同学是团员，他介绍我加入了中国共青团。1960年我申请加入中国共产党，因为我父亲的关系，一直到1986年才正式成为预备党员，1987年按期转正。

采访者：您曾参与编写中小学教材，您认为在教材编写过程中应该注意什么问题？

周厚勋：我认为编写教材应该抓住三个"性"。第一是科学性，地理也好，历史也好，科学性要排在第一位，不能违背科学。第二是思想性，我们是社会主义国家，是共产党领导的社会主义国家，这是个大前提，要贯彻党的方针政策。第三是针对性，初中和高中不一样，初一、初二、初三也不一样，应当有所区别。我编写教材的时间不是很长，也谈不出更多内容。

采访者：自您工作以来，学校有什么重大变化吗？

周厚勋：1949年以后，老安徽大学和安徽学院合并成为新的安徽大学，直到1954年，安徽大学的两个院分家了，农学院迁到合肥单独成立安徽农学院，留在芜湖的就叫安徽师院。1958年院系调整，安徽师院的中文、地理、历史、外语四个系迁到合肥，并入合肥师院，理科留在芜湖，仍叫安徽师院，后来依次改名为皖南大学、安徽工农大学、安徽师大。对我来说，从安徽大学师范学院专科部到皖南大学，然后到合肥师院地理系，然后又回到安徽师大，就是这个过程。我们学校由安徽师院到安徽师大，实际上专业有了很大的扩展。比如说我们地理系由一个专业发展成地理科学、旅游管理、土地资源管理、地理信息科学和城乡规划五个专业。

采访者：您认为我们学校的师范生教师技能应该如何培养？

周厚勋：我在退休之前，学校各个专业的课程类别都差不多，有必修课程，包括教育学、心理学、政治、马列主义以及体育课，这些课是一定要上的；专业课包括理论性课程、知识性课程、技术性课程。对于教师来讲，首先要把握好政治方向，确保教学内容的科学性；其次，知识面要广；最后，思想要有相当的深度，科学性和思想性要结合。师范生必须进行教育实习。20世纪80年代，对于教育实习，学校是很重视的，在四年级安排六周时间实习。教育实习对师范生的成长特别重要，内容包括听课、上台讲课以及当实习班主任，这是培养学生教学能力和工作能力的重要手段。我们地理系还有一个重要的教学安排：野外实习，野外实习包括自然地理实习和经济地理实习。那时我们地理系学生野外实习的基地一个在巢县，另一个在庐山。

我们地理系学生实习安排自成体系，大致是：一年级到巢县参加地质实习，学习地质等方面内容；二年级到庐山参加自然地理实习，学习地形、气候、土壤、植被、水文等内容；三年级参加人文地理实习和经济地理实习，其中经济地理实习主要学习工农业生产、城市发展方面的规划和计划；四年级参加教育实习，即在学校当实习老师。实习的目的主要是让学生认识世界，巩固地理知识，并培养运用地理知识的能力。

采访者：您最想对我们安徽师大说的话是什么？

周厚勋：说实话，我和我们安徽师大有着很深的感情，这个可想而知了。我今年88岁，22岁离开家乡，来到芜湖上大学到现在，60多年是在这里过的，所以这里就是我的家。我的思想很传统，跟不上新时代，我也想尽量学些新知识、新技术，为此专门买了一台电脑，每天下午上网一个小时左右。我有个同事，老家在福州，经常发来电子邮件，内容主要是养生保健、世界各地风景名胜等。我也会看校园网，关注学校的动态和新闻，我很关心这些。另外，我还喜欢看凤凰网、人民网和新华网。一般上网时间不会太长，不然会有头昏脑涨的感觉，现在家里有三份报纸、三份杂志，看的速度比以前慢多了。

采访者：您1952年就调到我们学校学习了，之后就留校工作了。一些特殊时期您也经历过，您能谈一下那些时期的学校状况吗？

周厚勋：现在很多事情都记不得了，遗忘了，记忆力衰退得很厉害。当时是计划经济时代，从小学教师岗位调到这里学习，学习之后被安排留下来工作，后来又被派去南京大学进修。那些年我一切行动听指挥，服从组织安排，自我觉得组织观念还是比较强的。

1966年"文革"开始的时候，我还不到40岁。"文革"期间学校师生分成两派，后来学校就停课了，也不招生了。

1977年恢复高考，第一届学生是1982年1月毕业的，在正式高考之前招收的是工农兵学员。"文革"期间，我在合肥师院地理系，我老伴当时在合肥七中，后来调到合肥八中。当时中学教师没下放，大学的很多同事都下放到农村去劳动锻炼，我没被下放，就在学校农场里劳动，一直在学校里。

我1957年被派到南京大学进修，1960年回来的。"大跃进"时，也就是在南京大学进修期间，我在南京大学正常上课，曾经跟老师外出实习，去过云南，最远到过云南的红河谷地，现在好多事都记不起来了。我们地理专业最早招的是专科生，培养对象是初中地理教师，后来专科升格，招本科生，培养高中地理教师。改革开放以后，地理系又办了旅游管理专业，开始招收学生。旅游管理专业的毕业生主要分配到旅游部门工作。我也给旅游管理专业的学生上过几次课，学院现在又发展了土地资源管理专业、地理信息科学专业，还有其他的专业，如城乡规划专业。

采访者：您认为我校在学生培养上有什么特色？

周厚勋：我认为我们学校人才培养的目标很明确，方法正确，无论哪个专业的毕业生到中学都能胜任教学工作。学校注重在三个方面培养学生：一个是专业知识，一个是操作技能，一个是身体素质、健康状况。我觉得我们学校培养的学生质量、体能等都不错。

我们地理系毕业生到中学去当地理教师都是称职的，我的学生无论是在专业理论方面，还是专业气质方面都是比较优秀的。地理系培养学生的方式主要就是课堂教学、野外实习和教学实习。

采访者：您能回忆一下地理系的老教师吗？

周厚勋：我还能想起来，我当学生的时候，地理科开了几门课程，包括中国地理、世界地理、地质学、测量学，后来又增加了地图测绘和地理教学法。当时我们地理系有几位老教授，教中国自然地理的余俊生老师曾担任地理科主任，他是地理系第一位系主任，老先生为人很谦和，治学很严谨。沈思屿教授，20世纪50年代就去世了，他的知识面很广，他教的是世界地理。汪业骏老师，原来是安徽学院毕业的，教中国地理，这位老先生思想作风好，工作兢兢业业，他是20世纪80年代去世的。闵煜铭老师是复旦大学毕业的，教地质学，他是我们地理系的第二任系主任，一直干到20世纪80年代，这位老先生人很直率，性格比较刚烈。胡季文老师教测绘，原来是安徽师大附中的校长，是同济大学毕业的。罗风老师长期教教学法，是从中学调来的，他的身体不太好，但是知识面很广，课讲得很好，每次上课娓娓道来，学生都爱听。我印象比较深的就是这几位老教师，还有比我年纪大的，从外地分来的，一个叫卢品高，另一个叫陈景文，对他们的印象就不深了，他们也没教过我课。

采访者：您觉得在工作期间最欣慰的事情是什么？最遗憾的事情是什么？

周厚勋：我觉得最欣慰的事情是，我教的学生都能很好地胜任工作，地理系的学生青出于蓝而胜于蓝。退休之后我就做好思想准备了，学生的能力和工资超过我，我一定感到很高兴，这体现了国家经济的发展，人民生活水平的提高，一代更比一代强。1954年全校毕业生毕业典礼大会上，校党委书记戈华的一句话让我记了一辈子："同学们，你们毕业后，在工作上要往上比，在生活上要往下比。"所以我就永无止境地学习，永无止境地工作，始终不断努力、前进，不断提高教学水平。生活上不追求工资待遇，对物质生活不作过高要求，向广大的工人农民看齐；不追求物质生活，不讲享受，献身教学，献身教育事业。

讲到遗憾的事情，我想起了一件事。1957年学校派我到南京大学地理系进修，学校要求我们进修生也要写大字报，我写了大字报，批评我的指导老师张同铸。那个时候我不应该写大字报，愧对张同铸老师，虽然他事后也没对我说什么。

采访者：对青年教师，您有什么期望吗？

周厚勋：我总是希望青年教师能够青出于蓝而胜于蓝，而且关心学生。我当教师之后，从来没有歧视成绩差的学生，我对学生是一视同仁、平等对待的。对学生以关爱为主，教育为先。学校现在发展得很快，我唯一的希望就是不仅在量上要有发展，而且在质上要有保证，有提高，这样对教师好，对学生也好。

祝通海先生访谈录

采访时间：2017年7月5日

采访地点：赭山校区退休教师活动中心

受 访 人：祝通海

采 访 人：王京京　王　芹

整 理 人：卜　钰

祝通海，男，1919年4月生，河北隆尧人。1938年至1940年在第九战区军医学校学习。毕业后历任第九战区兵站总监部卫生队、"160"后方医院中尉军医，湖北宣恩县卫生院、卫生署汉宜渝检疫所、巫溪县卫生院、蚌埠市立医院、芜湖市环城区第二卫生所、芜湖郊区飞机场医务室医师，安徽师大医院主治医师。曾被评为芜湖市卫生系统二等功臣、红十字会先进工作者。

采访者：老师您好！首先请您回顾一下自己的工作经历。

祝通海：我是19岁离开家乡的，离开以后就去外边闯荡了，我的老家在河北，家里还有哥哥和妹妹，我们是一起逃难出来的。我原来是在芜湖市镜湖区医院里当内科医生，1955年调到芜湖市飞机场，在飞机场工作了两年，1957年从飞机场转到安徽师大前身安徽师院工作，就这样从1957年到现在都在医院工作。

采访者：您能谈一下您在医院的任职经历吗？

祝通海：我是内科医生，那个年代的医生资源十分匮乏，所在医院的任何事都靠我一个人。当时我们医院的院长是郑刚，他是南下部队的老干部，对我们很是照顾。因为我到安徽师大来后一直都在医院工作，所以我对那个时候医生的情况比较了解。

1957年因为饮食的关系发生了霍乱事件，最为严重的就是上吐下泻的问题，就连很多医生都有上吐下泻的症状，当时就让学校的医生去帮忙诊治。医院里很多医生都去帮忙，我们大概花了一个星期的时间就把问题解决了。我们顺利地解决了肠胃炎，再遇到类似情况也不怕了。虽然医院没有发生过重大事故，但是医院领导干部之间却因为岗位问题却出现了矛盾和摩擦。因为我工作时间比较长，在抗日战争时期就在医院工作了，成了先提拔的一批，但是这一批中并没有南下部队的干部郑刚。当时的在职医生中有不少人不服气，后来都辞职离开了。因为工作当中有阻碍，年轻人接受不了，所以很多人就考到别的医院去了。

采访者：当时校医院的工作是怎么开展的？

祝通海：工作期间，由于领导比较信任我，所以任何工作都吩咐我做。发生霍乱之后是我去诊治的，肠胃炎也是我率先发现并让我们医院的医生立即采取措施解决的。

当时校医院有不少医生，包括领导在内，具体的人数我记不清了。我们退休以后医院运行还比较正常，学校在新校区西南门处盖了一栋楼，作为校医院投入使用。当时的总务处处长人很好，十分稳重、能干，来医院干了几年；调来医院的其他几个人也都不错，把医院体系结构构建得很完整，后来他们个人的发展也不错，现在都在花津校区工作。如今老一辈的医生在校工作的不多，好像就剩一个人，我忘了叫什么名字了，他在后勤工作，也是个不错的人。

采访者：您还记得"文革""大跃进"时期校医院的状况吗？

祝通海："文革"时期，校医院的状况还可以，当然也受到过一些冲击。那个时候内科医生有三四个，我和郑刚在第一科室，第二科室有一个医生，他现在还在我们学校，另外一个被调走了。当时整个校医院一二十个人，有内科、外科、门诊部和化验室等，妇科还没有。

我是1957年到学校工作的，1958年赶上"大跃进"，那个时候全校都在大炼钢铁，但我们没参加，我们就负责看病。"文革"时期，学校处于停课状态，校医院是正常运转的。当时，学校老师被下放到农村，我和杜福林两人带领教职工去了南陵县，我带队有两年的时间。

两年以后我又回到校医院工作，当时学校有工宣队进驻。那时候都是根据医生开的药方拿药，校医院没有的，就拿着单子去校外的医院买。我们学校不做手术，看的病多是感冒、发烧之类，只针对老师、学生，不接收校外病人，当然，也给教职工家属看病。当时外科医生只有一个，现在已经去世了。医生少的时候，内科医生也去看外科。

那时候学生都是凭票吃饭、买东西，但去校医院看病不用付钱，计划经济时代，去校医院看病直接拿药。在校学生看病第一选择多是校医院，直接拿药，很方便，校医院看不了的病就转到校外大医院医治。

我是很敬业的，只想靠技术吃饭，找我看病的人很多，现在想想那时候不过是因为医生少罢了。医生技术好，看病的人就会很多。现在医院对技术要求更高了，时代所需啊，没有文化是不行的。

采访者：您在校医院工作期间遇到过什么印象深刻的事？

祝通海：我没有在合肥师院待过，只在芜湖工作。记得有一个特殊病人出现疼、恶心、呕吐等症状，他找到我时，我诊断出他脑子有囊肿，建议他到校外大医院诊治，后来校外大医院的检查结果也验证了我的诊断是正确的。我们医院为此事还表扬了我，说我十分认真敬业，用技术说话，这件事让我印象深刻。我在校医院工作几十年，医院原来没有病房，后来建了病房和牙科室，学校建田家炳楼的时候还把赭山校区校医院拆掉重建了。

老一辈的人我都很熟悉，樊建军是从部队中出来的，也当过我们院长，后来患白血病去世了。我工作期间校领导信任我，看病时很多人都直接找我。以前我被评为道德模范，立过二等功，被红十字会评为先进工作者，这些都收到我的档案里了。所以没有一定的技术，光靠吹牛是吹不出来的。我的家人也是医务工作者，儿子是芜湖市第二人民医院的医生，爱人原来是芜湖市第二人民医院急诊室护士长。

后　记

　　开展口述校史工作的目的，既是为了完善和丰富馆藏档案资源，拯救和保护学校历史文化遗产，也是为了弘扬师大精神，发挥校史育人功能，推进学校文化建设，提升学校软实力。这项工作的最大成效在于，完成了29位受访人的口述校史实录整理。

　　口述校史工作中非常重要的一个方面，就是成立了领导组和工作组，其中，领导组由分管校领导任组长，成员为办公室、宣传部、发展规划处、人事处、学生处、科研处、财务处、离退休工作处、团委、档案馆、历史与社会学院、新闻与传播学院主要负责人；工作组由档案馆馆长任组长，历史与社会学院、新闻与传播学院分管学生工作的领导任副组长，成员为档案馆工作人员、"安徽师范大学口述史"重点项目团队指导老师。

　　在开展口述校史工作中，我们注重以记忆为依据，描述、表达记忆中的安徽师范大学；从个人角度，记录经历的人或事；围绕人生感悟、生命历程，展现师大人治学之途、治校之路；体现真实性、思想性和生动性，展现师大鲜为人知的故事；突出老教授、老干部、老党员、老模范、老校友专访。

　　我们投入大量精力做了29位受访人口述校史实录的整理工作，编辑《赭麓记忆：安徽师范大学口述实录（第一辑）》一书。此书属于校史资料整理，以文字的形式实录29位受访人口述校史。

　　本书围绕29位受访人而展开，其中配以照片及受访人的简介，由于篇幅所限，每位受访人的简介字数基本相等。本书按受访人姓氏拼音首字母排序。呈现校史时，最大限度地利用口述资料，让受访人的人生经历和感悟都呈现其中。

　　因为出于受访人口述，本书提供了研究安徽师范大学校史的第一手史料，这些史料中所披露的人事和校事大多是未公开报道的，极具史料价值。其美中不足之处是，无法绝对避免口述时因年深日久而出现的遗忘和记忆偏差等问题。因此，大家在引用时，最好能与受访人进行核对，或自行辨析、选择性采用。

学校各位领导特别重视口述校史资料的挖掘整理和研究，各部门、各单位领导也予以高度关注，或亲临指导，或大力支持，或提供帮助，乃至成为我们做口述校史工作的动力源泉。参与此项活动的师大"五老"也越来越多，他们都投入了极大的热情和精力，做出了极其重要的贡献。在此谨致谢忱。

由于我们水平有限，加上口述的方式本身可能存在一些缺陷，本书难免存在不当或错漏之处，恳请读者批评指正。